本书由湖北汽车工业学院学术专著出版专项、湖北汽车工业学院博士科研启动基金 (BK202207)、湖北省社科基金一般项目（后期资助项目）(HBSK2022YB333) 资助出版

创新要素集聚对中国制造业高质量发展的影响研究

周恩德　著

中国纺织出版社有限公司

图书在版编目 (CIP) 数据

创新要素集聚对中国制造业高质量发展的影响研究 / 周恩德著. -- 北京 : 中国纺织出版社有限公司，2024.3

ISBN 978-7-5229-1620-0

Ⅰ. ①创… Ⅱ. ①周… Ⅲ. ①制造工业—产业发展—研究—中国 Ⅳ. ①F426.4

中国国家版本馆 CIP 数据核字（2024）第 071943 号

责任编辑：韩 阳 郭 婷 责任校对：王蕙莹
责任印制：储志伟

中国纺织出版社有限公司出版发行
地址：北京市朝阳区百子湾东里 A407 号楼 邮政编码：100124
销售电话：010—67004422 传真：010—87155801
http://www.c-textilep.com
中国纺织出版社天猫旗舰店
官方微博 http://weibo.com/2119887771
三河市延风印装有限公司印刷 各地新华书店经销
2024 年 3 月第 1 次印刷
开本：710 × 1000 1/16 印张：10.75
字数：180 千字 定价：88.00 元

前　言

党的二十大报告指出，高质量发展是全面建设社会主义现代化国家的首要任务。作为实体经济的主体，制造业的高质量发展将成为我国经济高质量发展的重要部分。相关理论表明，经济增长通常是从一个或数个“增长极”开始并逐渐向其他地区或部门传导的过程，制造业高质量发展也不例外。经济新常态下，组合创新、协同创新是企业保持竞争优势的基石，创新要素在区域或产业内集聚并发挥协同创新作用，是制造业高质量发展的关键，由此可见，制造业率先高质量发展的地区必然是创新要素的主要集聚地。因此，深入分析创新要素集聚对制造业高质量发展的具体影响，探究通过创新要素的合理集聚和优化配置促进中国制造业高质量发展，具有重要的理论价值和现实意义。

本书的主要内容包括：①创新要素集聚影响制造业高质量发展的理论分析及模型构建。在对创新要素、创新要素集聚、制造业高质量发展等重要概念进行界定的基础上，基于创新主体视角分析创新要素集聚的内部动因和外部动因，探究创新要素集聚的过程及效应，分析人才、资本、技术三种创新要素集聚对制造业高质量发展的影响机制，最后构建起创新要素集聚影响制造业高质量发展的理论模型。②创新要素集聚和制造业高质量发展的测度及特征事实。在创新要素集聚方面，测算了创新要素集聚率 CR 指数和集聚度 HHI 指数；基于行业视角应用数据包络分析（DEA）法测算我国制造业分行业技术产出和经济产出两个阶段的效率值；从省域层面分别测算了人才、资本、技术等创新要素的区位熵。在制造业高质量发展方面，构建包含经济、创新、绿色三个大类共 9 个具体指标的制造业高质量发展评价指标体系，采用全局熵值法测算各省份制造业高质量发展各分项指标以及总指标得分值，并对测算结果进行了总体分析和分区域分析。最后采用非参数核密度估计法分析各创新要素集聚和制造业高质量发展的动态演化特征。③创新要素集聚影响制造业高质量发展实证分析。基于 2008—2019 年 30 个省份 12 年的数据，分别进行基准回归分析和异质性分析。具体包括：在对数据进行多重共线性和平稳性检验、固定效应和随机效应选择检验、异方差检验、自相关检验、截面相关检验以及 DWH 内生性检验的基础上，选用 PCSE 模型对创新要素集聚影响制造业高质量发展进行基准回归分析和门槛效应检验；基于 PCSE 模型、广义最小二乘回归 FGLS 以及时间随机效应稳健标准误回归的时间异质性分析和区域异质性分析。④创新要素集聚影响制造业高质量发展的空间溢出效应分析。采用 Moran's I 指数法检验因变量的空间自相关性，运用空间邻接权重矩阵和地理距离权重矩阵构建空间杜宾模型，采用极大似然法进行估计，通过空间回归模型偏微分方法对空间效应进行分解，剖析创新要素集聚影响制造业高质量发展的空间溢出效应，最后探讨了创新驱动战略实施前后创新要素集聚对制造业高质量发展的空间溢出效应的动态变化。⑤结论与政策建议。总结本书理论研究和实证分析的主要结论，提出通过创新要素合理集聚和优化配置促进制造业高质量发展的政策建议。本书的主要创新体现在以下三个方面：第一，理论上构建起创新要素集聚影响制造业高质量发展的逻辑框架；第二，实证分析成果丰富了创新理论与经济增长理论间交叉联系与互相渗透的微观现实基础；第三，对策方面提出通过创新要素合理集聚和优化配置促进制造业高质量发展的政策建议。

本书是在“湖北汽车工业学院学术专著出版专项”“湖北汽车工业学院博士科研启动基金（BK202207）”“湖北省社科基金一般项目（后期资助项目）（HBSK2022YB333）”的资助下完成的。截止到完稿之时，本书从选题、写作到定稿，断断续续历时近 3 年。在本书即将付梓之际，我要感谢为本书出版提供支持和帮助的各位领导、老师、同事及朋友们。首先要感谢我的博士生导师刘国新教授，是刘老师开启了我在创新管理领域的研究之门，同时本书也是在刘老师的指导和鼓励下完成的；感谢湖北汽车工业学院研究生院、科学技术发展研究院、人事处、经济管理学院、武汉产学研基地的各位领导同事以及湖北大学商学院、研究生院的各位老师，大家的支持与鼓励坚定了我完成本著作的决心；感谢我的同事殷旅江、李雪涛、王文山、肖俊涛、郭都玺、李宝林、何鑫、程文明、胡姜、万冰魂、殷元星、董超等给予我的关心与支持，感谢学校图书馆的杨续、翟永旭老师在数据搜集中给我的无私帮助；感谢同门李道义、刘吉立、何风琴、王婧、江露薇、叶珺、张鹏飞、张峰、范书琴等陪我一起度过的美好时光；最后，我还要感谢为本书出版付出辛勤劳动的中国纺织出版社有限公司的各位领导和编辑朋友！

由于撰写此书时资料收集有一定的局限性，加上能力和时间有限，疏漏之处在所难免。在此，诚恳期待各界专家及读者提出宝贵意见，以便后期进行修改和进一步完善。

周恩德

2023 年 12 月 于湖北汽车工业学院武汉产学研基地

目　录

第一章 绪论

党的十九大报告指出，我国经济已由高速增长阶段转向高质量发展阶段。制造业既是国民经济的支柱，又是实体经济的主体，制造业的发展质量直接决定着我国经济的发展水平。创新是对创新要素组合和使用的结果（李培楠等，2014），是引领发展的第一动力，因此，创新在驱动制造业高质量发展中发挥着核心作用。作为重要的经济资源，创新要素的稀缺性和非均衡分布属性决定了其会率先在特定区域和产业集聚。创新要素集聚是提升区域创新能力、促进经济增长的关键因素，同时也是制造业高质量发展以及攀升全球价值链中高端的基础和前提。创新要素集聚的动因、效应及演化趋势如何？如何有效测度各创新要素的集聚水平？制造业高质量发展如何测度及评价？创新要素集聚对制造业高质量发展具体有何影响？如何检验？如何引导创新要素合理集聚和优化配置进而促进制造业高质量发展？这些都是本研究重点探究的问题。

第一节 选题背景及选题意义

一、选题背景

制造业作为实体经济的主体，是推动经济发展、提高人民生活品质、参与国际竞争和保障国家安全的根本，因此，制造业的发展质量直接决定了一国经济的发展水平。自 18 世纪中叶人类开启工业文明以来，中华民族的奋斗史以及世界强国的兴衰史反复证明，没有制造业这一强大的物质支柱，就没有国家和民族的持久强盛，尤其在 2008 年金融危机以来，各国对制造业的重视更是提升到了前所未有的高度。例如，英国在 2011 年就确定了制造业的五大竞争策略，并将“占据全球高端产业价值链”作为首要目标；德国在 2013 年率先提出了“工业 4.0”，拟通过制造业的全面智能化和数字化来确保本国工业区位的升级（郑春荣和望路，2015）；2011 年，美国政府启动了 AMP2.0“先进制造伙伴计划”试图重新夺回制造业的世界市场；法国政府于 2013 推出“新工业法国”战略，旨在通过创新重塑工业实力。改革开放以来，我国制造业把握住全球价值链分工所带来的战略机遇，在较短的时间内形成了完整的、门类齐全的工业制造体系，并凭借资源禀赋优势和“人口红利”积极参与全球分工，一跃成为世界第一制造大国。然而，简单纳入全球价值链分工体系，以资源和投资驱动为主的传统发展，越来越难以支撑中国经济稳定高速增长。与世界制造强国相比，中国长期处于全球价值链分工体系的低端地位，在位于价值链高端的研发能力和品牌管理能力方面存在较大差距。我国制造业“大而不强”的问题凸显，亟须提升在全球制造分工中的地位（王俊和陈国飞，2020）。

“促进我国产业迈向全球价值链中高端，培育若干世界级先进制造业集群”是党的十九大对我国产业发展提出的明确要求。2020 年 5 月，李克强总理在政府工作报告中指出，推动制造业升级和新兴产业发展。目前，我国制造业发展面临着来自多方面的挑战。国际上，发展中国家工业化程度的提高加剧了制造业竞争，发达国家“再工业化”战略加速了制造业回流；国内方面，我国制造业高端产业发展不足、低端产业产能过剩等问题依然比较严重。因此，中国制造业面临着转型升级的紧迫任务。然而，我国制造业转型升级、探索高质量发展的过程中，屡屡遭遇“低端锁定”陷阱，例如，汽车产业合资多年却是核心技术的局外人，并长期居于全球价值链低端；机器人产业“一哄而上”，结果陷入了“高端产业低端化”的困局；光伏产业“两头在外”畸形发展，最终落成行业的“打工者”等。究其原因：一是战略层面“市场换技术”遭遇失败。改革开放初期，由于人才、资金等生产和创新要素缺乏，加上国内刚刚得以释放的巨大市场需求，很多企业纷纷选择了市场换技术战略，即通过合资等方式把市场出让给国外企业，以求在合资过程中获取先进技术。从多年的实践来看，由于外资方严格的知识产权保护制度加上越来越严格的技术封锁，中国企业失去了市场、丢掉了技术，高质量发展举步维艰。二是推动制造业高质量发展的基础设施支撑能力、共性基础能力和装备制造能力偏弱。主要体现在“工业四基”供给能力不足（黄群慧，2018），认证、检验检测等质量管理能力偏弱，中高端装备制造及自动控制系统等几乎由外国企业垄断等（赵爱英等，2020）。三是微观层面的制造企业本身存在创新动力不足、发展方式粗放、竞争力偏弱等突出问题（黄速建等，2018）。2016 年 12 月，国家质量监督检验检疫总局公布的 2015 年全国制造业质量竞争力指数公报显示，全国规模以上制造业质量竞争力指数为 83.51，但依然处于初等竞争力向中等竞争力的过渡阶段。

随着知识经济时代的到来以及区域一体化程度不断提高，创新要素空间集聚问题越来越得到关注和重视。习近平总书记在主持召开中央财经领导小组第十六次会议时强调，“要改善投资和市场环境，加快对外开放步伐，降低市场运行成本，营造稳定公平透明、可预期的营商环境，加快建设开放型经济新体制，推动我国经济持续健康发展。[1]”目前，国内的北京、上海、杭州、深圳等较发达地区凭借其政策优势、区位优势等吸引了大量的高科技公司入驻，引发了创新要素在这些地区的空间集聚（高宏霞和王成，2021），先后形成了京津冀、长三角、珠三角等要素集聚区。根据新经济地理学理论，生产要素空间集聚所产生的集聚效应能够对区域经济产生积极影响。创新要素作为重要的生产要素，其空间集聚会对制造业高质量发展产生积极作用，具体体现在：创新要素的空间集聚有利于加速企业创新进程，进而为制造业高质量发展提供核心动力；创新要素集聚有利于市场主体将制度创新、政策创新、管理创新、市场创新以及技术创新有机结合起来，从而为制造业高质量发展提供系统的、全方位的要素保障。

鉴于创新要素集聚与制造业高质量发展的密切关系，结合我国创新要素在特定区域或特定产业集聚的现实，探索通过创新要素的合理集聚实现重新组合和优化配置，进而提高创新资源的配置效率和企业的创新能力水平，促进中国制造业高质量发展，既有时代上的必要性又有方法上的可行性。从现有研究来看，关于人才、资本、技术等具体创新要素对制造业高质量发展影响的研究比较丰富，但基于空间视角分析创新要素集聚与制造业高质量发展关系的研究相对较少。

二、选题意义

本研究将创新要素集聚和制造业高质量发展两大重要课题联系起来，从创新要素集聚作用于制造业高质量发展的角度出发，探讨创新要素集聚对制造业高质量发展的影响机制，利用中国省际面板数据对其间的作用关系进行实证检验，研究成果具有较大的理论价值和现实意义。

（一）理论价值

第一，为制造业高质量发展研究提供了一个新的角度。高质量发展是我国经济由要素驱动、数量增长转向创新驱动、质量提升的必然选择，同时也是解决当前发展不平衡不充分问题的有效做法。创新是引领发展的第一动力，目前关于创新与制造业高质量发展关系的研究主要集中在创新要素层面。经济新常态下，组合创新、协同创新是企业保持竞争优势的基石，创新要素在区域或产业内集聚并

[1] 习近平：营造稳定公平透明的营商环境　加快建设开放型经济新体制 [EB/OL] 新华社，2017-7-17.

发挥协同创新作用，是制造业高质量发展的关键。因此，仅从创新要素层面无法全面反映创新与制造业高质量发展间的作用关系，将创新要素集聚纳入研究范畴，是全面考察制造业高质量发展的新角度。

第二，围绕“创新要素集聚影响制造业高质量发展”这一命题，界定了创新要素集聚、制造业高质量发展的理论内涵，揭示了创新要素集聚对制造业高质量发展的影响机制，在对两者进行测度的基础上，实证检验了其间的作用关系。以上研究进一步丰富了创新理论与经济增长理论互相渗透的微观现实基础。

第三，拓展了发展经济学的研究领域。当前，中国的经济体量位居世界第二，其制造业在全球工业体系中的地位举足轻重，基于中国创新要素投入和制造业发展数据，探讨创新要素集聚对制造业高质量发展的影响，具有代表性和典型性，相关成果会成为发展经济学研究的拓展和延伸。

（二）现实意义

第一，为深入贯彻落实创新驱动发展战略提供思路。党的十九大报告指出，创新是引领发展的第一动力，是建设现代化经济体系的战略支撑。实施创新驱动发展战略，依靠科技创新打造先发优势，进而实现经济高质量发展，既是我国发展的系统性变革也是必然选择。创新驱动发展战略的基础是“创新”、过程是“驱动”、结果是“发展”。本研究以创新要素集聚为出发点，以制造业高质量发展为目标，建立起创新要素集聚与制造业高质量发展间的作用关系，研究成果能为创新驱动发展战略的实施提供思路，为推动产业集聚和提升区域竞争力提供参考。

第二，为创新要素合理集聚和优化配置提供依据。创新要素在区域间流动已经成为常态，创新要素集聚和产业集聚具有相互作用关系，合理水平下的要素集聚有利于促进产业的发展，过渡的要素集聚往往因为边际报酬递减对产业发展产生反向作用。基于创新要素投入和制造业发展数据，在对创新要素集聚水平进行测度的基础上，实证检验其对制造业高质量发展的具体影响，其影响效果直接体现了创新要素集聚的合理化水平，进而为创新要素合理集聚和优化配置提供依据。

第三，为制造业高质量发展提供参考。高质量发展是中国在面临资源要素瓶颈、生态环境压力以及全球竞争加剧环境下提出的新课题，制造业作为立国之本、兴国之器和强国之基，其高质量发展成为一国经济高质量发展的重要内容。通过构建全面、系统反映制造业高质量发展水平的指标体系，实际测算了各省份制造业高质量发展情况，通过横向比较、纵向比较、群组比较，客观评价制造业发展中存在的短板或面临的瓶颈，从创新要素集聚视角提出的政策建议能为我国制定区域要素流动和集聚相关政策、探索通过要素集聚促进制造业高质量发展提供借鉴。

第二节 重要概念界定

一、创新要素

创新是一种复杂的现象，从本质上看，创新可以理解为是对创新要素的组合和使用（李培楠等，2014）。区域经济学认为生产要素是生产活动所需的所有资源投入，参照这一定义，创新要素可以被视为支撑创新活动的所有投入资源的总称（乔尔和韦斯特，2014；蔡玉蓉，2020）。关于创新要素的构成，目前学术界并没有统一的标准，但主要有以下视角。

（1）直接与间接视角。按照与创新活动的关系密切程度可将创新要素分为直接要素和间接要素，直接要素与技术创新直接相关，主要包括技术、人才要素、创新资金投入等；间接要素是指与技术创新相关的环境塑造部分，包括基础设施、社会环境、宏观政策等（库伯，1994；库克，2004；朱苑秋和谢富纪，2007）。

（2）狭义与广义视角。狭义的概念仅关注了资源要素方面，认为的创新要素包括研发（R&D）人员和研发资本等要素（王钺和刘秉镰，2017）；广义的概念包含了创新主体、创新资源以及创新环境三类创新要素（刘新艳等，2011）。

（3）系统与环境视角。许庆瑞等（2005）认为创新要素包括创新资源、创新主体和创新环境等，其中，创新资源要素主要包括知识技术信息、人才投入以及创新资金投入等，这里与前文的直接要素类似；创新主体要素主要包括高等院校、研发机构和企业等；环境要素包括内部软硬件条件以及外部的政策、市场环境等。欧庭高和邓旭霞（2007）认为创新要素包括主体要素、支撑要素和市场要素。

（4）演化与发展视角。随着人们对创新活动认识的不断加深以及创新实践方式的不断变化，创新要素的内涵也经历了不断丰富和发展的过程，大致分为三个阶段，即纯技术观念、多主体观念和演化发展观念（程都，2019）。何向武等（2015）基于解构视角将创新要素分为创新生产要素、创新分解要素和创新消费要素等。

本书拟从定量的角度探讨创新要素集聚对制造业高质量发展的影响，考虑到环境、政策等间接要素量化困难，因此重点围绕直接或狭义层面的定义展开。关于这一方面，比较统一的观点大致分为两类。一种是“二元说”，即认为创新要素主要包括人才要素和资本（资金）要素两种，主要代表学者有周元元和冯南平（2015）；王钺和刘秉镰（2017）；周杰文等（2018）；吴卫红等（2018）；等等。另一种是“三元说”，即在“二元说”的基础上增加了一种技术要素，主要代表学者有冯南平等（2016）；赖一飞等（2016）；杨博旭等（2020）。综合来看，人才要素和资本要素作为最重要的创新要素，同时也是企业开展自主创新的核心要素，在创新驱动背景下，引进技术和技术改造等技术要素在推动制造业高质量发展中的作用也在不断增强，因此，本研究将创新要素的范围限定在人才、资本和技术三个方面。

二、创新要素集聚

集聚是一种常见的经济和社会现象。新古典学派代表人物马歇尔在产业集聚的相关研究中成功将集聚理论引入经济领域，随后有大量学者参与了本领域的研究工作（蒂斯，2002；弗里德曼，2008；布拉西奥和阿达里奥，2010）。随着新经济地理学发展以及集聚理论在技术创新领域的广泛应用，关于创新要素集聚的研究也逐渐成为热点。

新经济地理学派代表克鲁格曼（1991）认为经济活动的集聚和扩散影响产业和创新要素的集聚。西米（2005）研究发现创新与空间存在相关性，原因在于创新的复杂性决定了高效的研发活动必须依靠协同创新，而协同创新通常需要有特定的空间保障，为确保协同创新的有序开展，自然对创新要素在空间上的集聚提出了更高的要求。罗伯特（2011）以意大利制造业企业为样本，实证检验了创新要素空间集聚的外部性作用。赵陆（2008）认为人力、知识技能、资本等创新要素在特定空间上的集中就是创新要素集聚。陈建军和胡晨光（2008）研究指出区域内产业相关的企业、研究机构等创新主体的聚集会产生一定的效应，创新要素集聚正是这种效应的外在表现。杨晨和周海林（2009）认为创新要素在不同创新主体之间的流动、吸纳和整合等活动过程即为创新要素集聚。杨博旭等（2020）将创新要素集聚定义为技术、人才和资金等相互关联的创新要素在特定空间或特定行业趋于集中，并最终形成协同发展的过程。

创新要素集聚不同于创新要素集中，并非创新要素在空间上的简单堆积。创新要素集聚通常具有以下特征：①创新要素不能凭空集聚，必须依赖于由多个创新主体组成的某个特定的创新载体系统，创新要素集聚通常与创新主体的集聚相伴而生；②创新要素集聚是一个动态变化的过程，一旦创新主体间的合作关系发生改变，创新要素便会表现出另外的集聚特征；③创新要素的空间集聚会对经济活动和生产活动产生影响，主要通过集聚效应和空间溢出效应得以发挥（王萌萌等，2015）。

结合国内外学者对创新要素集聚的理解，作者认为创新要素集聚是人才、资本、技术等各种创新要素依附于创新载体系统向某一区域或某些特定产业大量集中，并通过要素配置实现协同创新，最终表现出集聚效应的过程。创新要素集聚的具体表现主要包括相同创新要素集聚度的提高和不同创新要素集聚比例的改变（蔡玉蓉，2020）。本研究中关于创新要素集聚水平的评价主要侧重同类要素的集聚度方面。

三、制造业高质量发展

经济增长包括数量和质量两个方面，前者是从速度和规模上对经济增长成效进行“量”的揭示，后者是从过程、结果和前景上对经济发展进行“质”的反映（钞小静和任保平，2011）。国外相关研究主要围绕经济发展质量展开（萨巴蒂尼，2008；索耶和雷耶斯，2019；阿哈默德和弗拉基米尔，2019），上述研究是相对增长速度而言的。党的十八大五中全会提出，创新、协调、绿色、开放、共享的新发展理念，并做出了中国经济由高速增长阶段转向高质量发展阶段的新表述。因此可以认为经济高质量发展是由我国专家学者首次提出的。

推动经济高质量发展，是适应中国社会主要矛盾变化的基本要求。高质量发展具有丰富性和多维性特征，其内涵是包含经济性、市场性、环境性的质与量有机统一的综合概念（刘国新等，2020）。金碚（2018）从经济学角度系统地分析了高质量发展的内涵，认为高质量发展就是实现量与质的协调统一，以创新性和可持续发展为典型特征。国务院发展研究中心副主任王一鸣（2018）指出，高质量发展根本在于经济的创新力、竞争力以及发展力。中国宏观经济研究院产业经济研究所黄汉权指出：狭义的高质量发展侧重于投入产出的效率方面，广义的高质量发展涵盖经济、生态、效率、区域、开放、动力等多个方面（黄汉权，2019）。魏敏和李书昊（2018）认为对经济高质量发展水平的测度，应综合考虑经济性、创新性、协调性、开放性、共享性、可持续性等多个方面。

2019 年中央经济工作会议和政府工作报告均强调，推动制造业高质量发展。虽然制造业高质量发展是一国经济高质量发展的重要内容，但在其内涵上又有区别于经济高质量发展的特殊性。国务院发展研究中心许召元 2019 年在《中国经济时报》上从产品质量、生产过程、效益水平和国际竞争力等方面阐释了制造业高质量发展的内容。刘国新等（2020）认为制造业高质量发展是创新驱动能力提升、产业结构优化、生态环境和谐等全方位的发展，并提出包含“经济、创新、高级、开放、生态”等多种元素的制造业高质量发展理论模型。基于现有理论成果，作者认为制造业高质量发展应具有以下特征：①经济维度上追求最低的资源要素投入和最大的经济效益；②质量维度上通过供给侧结构性改革实现供需平衡，满足人民对美好生活的需要；③动力维度上从要素驱动转向创新驱动；④结构维度上实现制造业与其他产业以及制造业产业内部结构的合理化和高级化；⑤生态维度上构建绿色生产方式；⑥开放维度上注重国际竞争力的提升和力求居于全球价值链中高端。

第三节　研究思路和研究方法

一、研究思路

针对制造业发展中面临的经济效益不高、创新能力不足、绿色发展不够等问题，从影响制造业高质量发展的重要因素“创新要素集聚”出发，开展相应的理论和实证研究，形成“理论分析—评价与测度—建模与实证—结论与建议”研究框架。首先，对要素集聚理论、区位理论等相关理论以及创新要素、创新要素集聚、制造业高质量发展等进行系统梳理与界定，厘清课题理论基础、研究对象及拟解决的关键问题；其次，从动力因素、形成过程、演化趋势等方面探讨创新要素集聚的理论内涵，从人才要素、资本要素、技术要素三个方面分别探讨创新要素集聚对制造业高质量发展的影响机制；再次，分别测算人才、资本、技术等创新要素的区位熵，在构建制造业高质量发展评价指标体系的基础上基于规上工业企业相关数据，测度制造业高质量发展水平；然后，构建创新要素集聚影响制造业高质量发展的理论模型，通过基准回归分析、异质性分析和空间溢出效应分析等对理论模型进行实证检验；最后，提出相关政策建议。具体技术路线如图 1.1 所示。

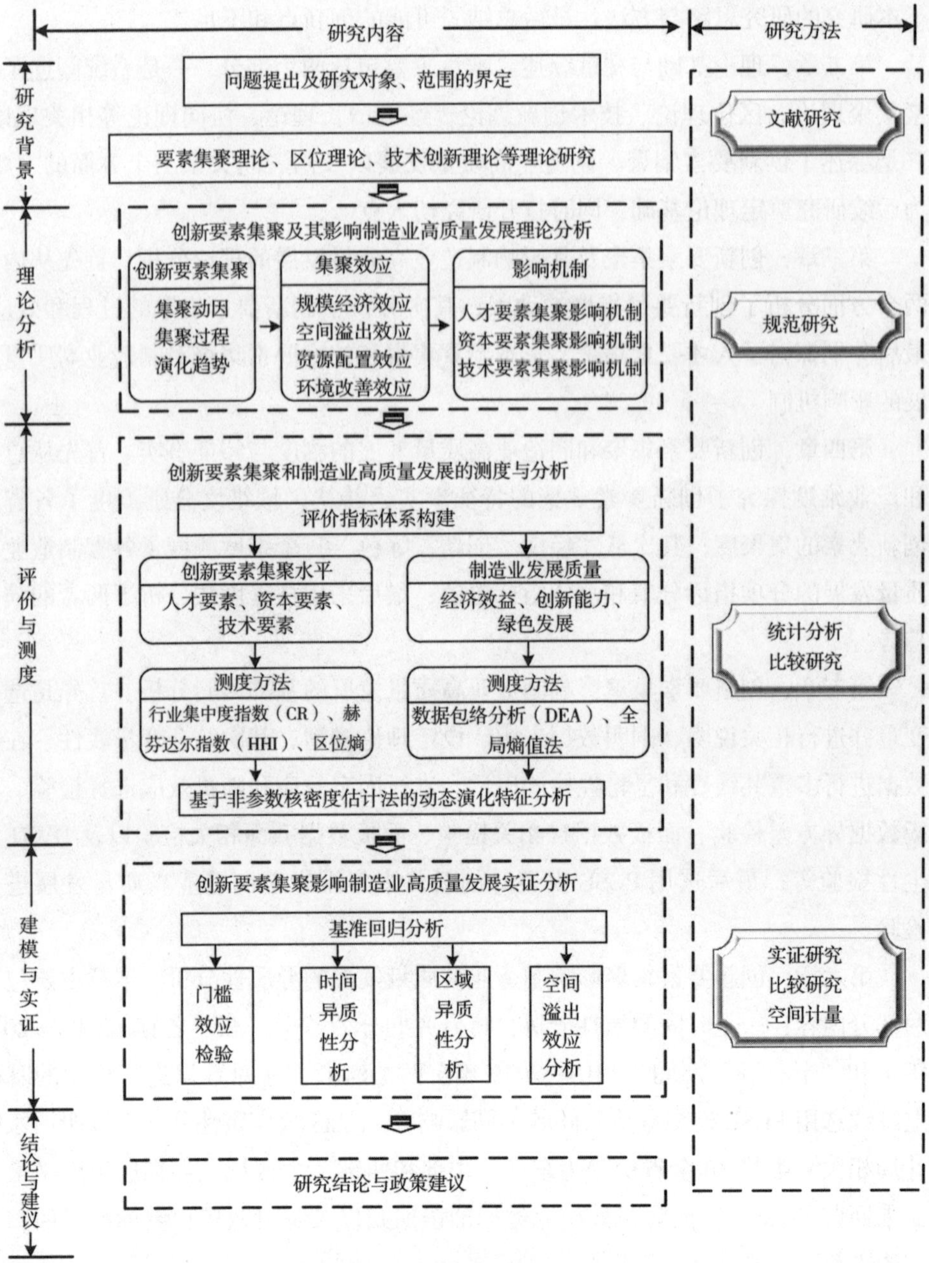

图1.1 研究的技术路线图

根据技术路线图，本书的章节内容安排如下。

第一章，绪论。基于我国经济进入高质量发展阶段的事实，分析了选题背景与意义，界定了创新要素、创新要素集聚、制造业高质量发展等核心概念，介绍了本研究的研究思路与方法，最后总结了可能的创新点和不足。

第二章，理论基础与文献综述。本章主要包括两个部分，一是系统阐述了要素集聚理论、区位理论、技术创新理论、经济增长理论、协同理论等相关理论；二是综述了创新要素集聚、制造业高质量发展以及两者间关系三个方面的文献。为后续研究奠定理论基础，同时打开研究切入点。

第三章，创新要素集聚及其影响制造业高质量发展的理论分析。首先从内外两个方面分析了创新要素集聚的动因，其次分析了创新要素集聚的过程和效应，最后分别探讨了人才要素集聚、资本要素集聚和技术要素集聚对制造业高质量发展的影响机制。

第四章，创新要素集聚和制造业高质量发展的测度与特征事实。首先从总体和产业维度探究了创新要素集聚的特征事实，并从区域维度分别测度了各省各创新要素的集聚度；其次从“经济、创新、绿色”三个维度测度了各省制造业高质量发展的分项指标分值和总体指标分值；最后采用核密度法分析了两者的演化趋势。

第五章，创新要素集聚影响制造业高质量发展的基准回归分析。首先是选择变量并进行相关说明、阐明数据来源、设定理论模型；其次结合变量属性，在对数据进行多重共线性和平稳性检验以后，进行固定效应和随机效应选择检验、面板数据异方差检验、面板数据自相关检验、面板数据截面相关检验以及 DWH 内生性检验等；最后选用 PCSE 模型对创新要素集聚影响制造业高质量发展进行检验。

第六章，创新要素集聚影响制造业高质量发展的异质性分析。本章主要包括两部分内容：一是时间异质性分析，将研究期分为“十三五”之前（2008—2015 年）和“十三五”期间（2016—2019 年）两个时段，在对数据进行检验的基础上继续选用 PCSE 模型分析其间的不同影响；二是区域异质性分析，按照国家统计局相关分类将 30 个省份分为东部、中部和西部三个区域，分别选用广义最小二乘回归 FGLS、时间随机效应稳健标准误回归以及随机效应稳健标准误回归等方法进行区域异质性分析。

第七章，创新要素集聚影响制造业高质量发展的空间溢出效应分析。运用空间邻接权重矩阵和地理距离权重矩阵构建空间杜宾模型，采用极大似然法进行估计，通过空间回归模型偏微分方法对空间效应进行分解，剖析创新要素集聚影响制造业高质量发展的空间溢出效应，最后探讨创新驱动战略实施前后创新要素集聚对制造业高质量发展的空间溢出效应的动态变化。

第八章，结论与政策建议。

二、研究方法

本研究的主要方法如下．

（1）文献分析法。首先，对研究中涉及的要素集聚理论、区位理论、技术创新理论、经济增长理论、协同理论等经典理论进行归纳整理，为进一步理论分析和实证检验奠定基础；其次，从科学网（Web of science）、爱思唯尔（Elsevier）、施普林格期刊（*Springer Link*）、史蒂芬斯数据库（EBSCO）、中国知网等各大数据库搜索查询相关文献、科技报告等，对文献进行综述整理，厘清创新要素集聚、制造业高质量发展等领域的研究现状、主要观点等，并对创新要素、创新要素集聚及制造业高质量发展的内涵进行详细界定；最后，进一步从理论层面分析创新要素集聚的动因、过程、效应及其对制造业高质量发展的影响；在此基础上，找出现有成果的主要贡献及不足，以便打开新的视角，为深入研究找到切入点。

（2）实证分析法。基于中国统计年鉴、中国科技统计年鉴、中国环境统计年鉴、中国城市发展年鉴、国家统计局及中经网数据库、各地统计局网站等数据，首先应用行业集中度指数（CR）、赫芬达尔指数（HHI）、区位熵等方法从总体、产业和区域角度测算创新要素集聚情况，并用核密度分析法阐释创新要素集聚的动态演化过程；接着构建包含经济、创新、绿色三大类共9个具体指标的制造业高质量发展评价指标体系，应用全局熵值法对制造业高质量发展情况进行测度；然后基于内生经济增长理论，构建创新要素集聚影响制造业高质量发展的理论模型，选用PCSE回归、广义最小二乘回归（FGLS）、时间随机效应稳健标准误回归等方法进行基准回归分析和异质性分析。

（3）比较分析法。在创新要素集聚评价方面，首先对人才要素、资本要素和技术要素集聚情况进行纵向比较，其次对各要素集聚状况进行横向比较和群组比较，以便全方位了解创新要素集聚状况；在制造业高质量发展水平测度方面，分别对经济指标、创新指标、绿色发展指标以及综合指标进行横向和纵向比较，最后对华北、东北、华东、中南、西南、西北6大区域的制造业发展水平进行比较；在创新要素集聚影响制造业高质量发展方面，先是基准回归分析，再进行分时段和分区域回归，并对结果进行总体比较和分项比较，以便进一步厘清影响的异质性，确保研究结论的准确性和全面性。

（4）空间计量方法。首先采用 Moran's I 指数法检验因变量的空间自相关性，其次运用空间邻接权重矩阵和地理距离权重矩阵构建空间杜宾模型，采用极大似然法进行估计，通过空间回归模型偏微分方法对空间效应进行分解。

第四节　创新和不足

一、可能的创新点

本研究可能的创新点如下。

第一，理论上构建起创新要素集聚影响制造业高质量发展的逻辑框架。厘清制造业高质量发展影响因素是确保对策建议具有针对性和可行性的前提，创新在推动制造业高质量发展中发挥着重要作用。制造业高质量发展不同于简单的数量扩张，通常会在创新要素集聚水平较高的地区率先突破，进而带动相关地区和产业的高质量发展。那么创新要素集聚究竟会对制造业高质量发展产生何种影响？现有研究少有涉及。为此，在详细分析创新要素集聚动因、过程及效应的基础上，对创新要素集聚影响制造业高质量发展进行理论分析和实证检验，丰富了制造业高质量发展的研究内容，建立起创新要素集聚影响制造业高质量发展的逻辑框架。

第二，实证层面集成多种研究方法对创新要素集聚影响制造业高质量发展进行基准回归分析、门槛效应检验和异质性分析，尤其是从开放发展和协同发展视角，应用空间计量方法检验了创新要素集聚影响制造业高质量发展的空间溢出效应。研究成果丰富了创新理论与经济增长理论间交叉联系与互相渗透的微观现实基础。

第三，对策方面提出通过创新要素合理集聚和优化配置促进制造业高质量发展的政策建议。目前，关于创新和制造业高质量发展关系的研究多侧重于创新要素本身，探讨创新要素集聚影响制造业高质量发展的文献较少。相关理论表明经济增长通常是从一个或数个"增长极"（Growth Pole）开始并逐渐向其他地区或部门传导的过程（托马斯，1975），制造业高质量发展也不例外。经济新常态下，组合创新、协同创新是企业保持竞争优势的基石，创新要素在区域或产业内集聚并发挥协同创新作用，是制造业高质量发展的关键，因此，制造业率先高质量发展的地区必然是创新要素的主要集聚地。可见，从创新要素集聚视角提出制造业高质量发展的政策建议既有现实上的必要性，也有视角上的创新性。

二、不足之处

由于数据获取及文章篇幅的限制，本研究还存在以下不足：第一，由于受到数据内容一致性、时间连续性等限制，本研究并未就创新要素集聚影响制造业高质量发展进行细分行业检验；第二，创新要素集聚和制造业高质量发展是一个综合性的社会问题，此问题涉及多个方面、多个维度、多个层次，并非单一的经济问题，因此进一步将制度、文化、环境等纳入统一框架应是未来的研究方向。

第二章　理论基础与文献综述

第一节　理论基础

研究过程中主要涉及要素集聚理论、区位理论、技术创新理论、经济增长理论、协同理论等相关内容，对这些经典理论的归纳整理能为后续进一步理论分析和实证检验奠定基础。

一、要素集聚理论

目前，学术界还没有专门研究要素集聚的相关理论，但是在对企业和产业集聚相关理论的系统研究中发现，要素集聚与企业和产业集聚互为因果关系。因此，围绕企业和产业集聚的相关理论成果，自然与要素集聚密切相关。

（一）马歇尔的外部经济理论

新古典经济学家阿尔弗雷德·马歇尔（1920）在其《经济学原理》一书中把经济中的报酬递增现象区分为依赖企业自身要素禀赋、生产运作和组织管理的内在经济和依赖于外部一般条件的外在经济。关于企业在某些特定区域集聚进而形成“产业区”，马歇尔认为其主要目的是获取外在的经济性。在此基础上，马歇尔总结了企业集聚导致外在经济性的主要原因，即知识和技术的溢出、供应商和要素市场的专业化等。其中，知识和技术的溢出加速了专业知识和技术资料的传递和扩散，提升了共性技术在区域内和产业间的共享水平，有利于在企业间开展合作创新和集成创新。专业化的供应商和要素市场，一方面有利于促进企业间的深度分工和企业自身核心竞争力的培育；另一方面通过要素市场的充分竞争降低了企业的生产成本和交易成本（蔡玉蓉，2020）。外在经济吸引企业在特定区域聚集，进而引致生产要素集聚，集聚带来的技术溢出、专业化服务以及成本节约又进一步促进空间集聚的发生（石和李，2014）。总之，外部经济理论表明，企业在产业区内集聚的根本动因在于获取外部规模经济（肖婷，2019）。

（二）克鲁格曼的“中心—外围”理论

20 世纪 90 年代，美国经济学家克鲁格曼将运输成本纳入理论分析框架，提出了新经济地理模型，其中“中心—外围”理论便是该模型的重要内容之一。“中心—外围”理论主要围绕经济活动的空间集聚展开研究，其基本思想是：经济活动在空间上将处于集聚状态还是分散状态，主要取决于向心力和离心力的对比，前者促进产业地理集中，后者削减产业地理集中。具体而言，向心力主要包括溢出效应、规模效应、环境改善效应和纯外部经济性；离心力主要包括要素流动受阻、土地成本上升和纯外部成本等。克鲁格曼认为，上述两种力量均会受到贸易便利化水平的影响，当向心力大于离心力，企业趋向于集聚；反之则不会产生产业集聚现象。具体而言，假设最初两个地区的外部条件完全相同，当驱动向心力形成的外部条件或驱动离心力形成的外部条件发生明显改变时，要素的移动会导致产业的非均衡分布，最终使得两个区域会分别发展成中心区域和外围区域。同样，当一个国家或地区在地理区位上存在某种潜在优势时，会吸引另一个国家或地区的厂商聚集到该地区，致使产业在该地区集聚，最终使得产业由原来的均匀分布状态逐渐演变成一种“中心—外围”的经济结构。“中心—外围”理论揭示了产业集聚产生于运输成本降低、生产要素移动和企业规模报酬递增三者间的相互作用（肖婷，2019）。

二、区位理论

20 世纪 20 年代，伴随着工业化水平的提高以及经济活动空间的扩大，产业发展的空间布局问题成为理论和实践界关注的焦点，区位理论应运而生。

（一）古典区位理论

古典区位理论以产业空间布局为核心，主要包括农业区位理论和工业区位理论，其中，工业区位理论又是经典区位论的代表。德国经济学家、工业区位理论的奠基人阿尔弗雷德·韦伯（1909）在其著作《论工业区位》中系统论述了工业区位理论，并重点从经济区位视角，探索人口、资本等要素向大城市集聚背后的空间机制。为准确区分大工业单元对小工业单元吸引程度的大小，韦伯构建了一个集聚函数，研究表明，工资和运输成本是决定工业区位的主要因素。为进一步阐明厂商区位选择问题，韦伯提出了区位因子的概念，并将其定义为经济活动在某些特定区域开展时所得到的收益。韦伯将区位因子分为选择因子和集聚因子两个方面，其中，选择因子决定工业企业向特定区域布局，集聚因子促使工业向某一地点集中或向其他地方分散。韦伯认为产业集聚又可以分为不同的发展阶段，即初级阶段和高级阶段，其中，初级阶段的集聚以企业自身规模扩张为主，高级阶段往往基于核心企业的吸引力和行业组织的影响力吸引更多企业主动向特定空间聚集。在厘清产业集聚规律的基础上，韦伯将运输成本和劳动力成本纳入考察范畴，认为在集聚的初级阶段企业尚处于规模报酬递增阶段，规模效益明显，从而吸引企业快速向特定区域聚集；但当集聚规模达到临界值时，进一步集聚会使得企业进入内在不经济或外在不经济阶段，企业被迫进行分散移动。总结来说，工业区位理论从"成本—收益"的角度揭示了产生工业集聚的区位选择问题。

（二）近代区位理论

20 世纪 20—40 年代，随着现代市场经济的快速发展和国际分工的逐步深化，市场在企业发展中的作用越来越明显，有关区位理论的研究从追求企业自身的成本最低和收益最优转向市场的扩大、从单一企业转向城市。基于此背景，近代区位理论逐渐丰富和发展起来。相较于古典区位理论，近代区位理论具有以下特点：研究领域的延伸，从工业区位发展为贸易区位和城市区位，从单一的企业发展扩展到城市发展；研究方法的拓展，从局部均衡延伸到一般均衡；研究视角的转换，从"成本—收益"分析扩展到市场需求分析；研究结论的丰富，从纯理论推导发展为区位规划和对策讨论层面。

（三）现代区位理论

20 世纪 50 年代以来，随着凯恩斯主义的兴起，西方经济学的地位和影响得到显著提升，进而对区域经济学也产生了巨大影响，推动了现代区位理论的发展，并逐步形成了三大研究方向，即艾萨德的区域科学方向、贝利和加里森的人文地理学方向和行为区域方向。

三、技术创新理论

技术创新理论最早由美籍奥地利经济学家约瑟夫·熊彼特 1911 年在其代表作《经济发展理论》一书中首次提出，熊彼特认为创新就是使用新的方式将生产要素和生产条件实现新的结合，并成为生产体系的重要组成。熊彼特指出，创新主要包含如下内容：制造一种新产品、采用一种新生产方法、开辟一个新市场、开发一个新的供应商、构建一种新的组织模式。第二次世界大战以来，科学技术在社会经济发展中的作用日益突出，技术创新思想逐步得到政、产、学、研各界人士的广泛认同，相关的实践探索和理论研究也随即展开。当前，围绕技术创新理论的相关研究主要分为四个学派，即新古典学派、新熊彼特学派、制度创新学派以及国家创新系统学派等。其中，新古典学派将熊彼特的创新理论与微观经济理论结合起来，将经济学、统计学相关方法运用于该领域，提出技术创新能够促进经济增长、政府应加大对技术创新活动的干预等观点；新熊彼特学派认为企业规模、行业竞争和垄断程度是影响技术创新的重要方面；制度创新学派尝试将“创新”和“制度”结合起来，形成了新的制度创新理论；国家创新系统学派强调政府干预在技术创新中的作用，即通过参与创新资源的配置、引导创新主体行为、构建国家创新网络等推动技术创新。

我国技术创新理论奠基人清华大学傅家骥教授认为，技术创新是企业通过对生产要素等进行重新组合进而实现生产效率和经济效益提升的过程，企业家是推动技术创新的核心主体（傅家骥等，1990）。技术创新是科学技术与经济活动有效结合的结果，即以技术活动为起点，以经济高质量发展为目标，以满足市场需求为原则。技术的产业化能力和商业化速度是技术创新的关键。中国科学院大学柳卸林教授在其出版的《技术创新经济学》一书中指出，技术创新包括产品创新、过程创新和技术扩散等方面，与新产品的生产、新工艺和新设备的初次商业应用相关的设计、制造及商业化活动均属于技术创新范畴。技术创新对经济具有重要影响，主要体现在：①通过产品创新提高消费质量；②通过过程创新提高生产效率；③技术创新能力很大程度上决定一个国家的经济、军事和政治力量；④技术创新会引起市场和产业结构的变革（柳卸林，2014）。

四、经济增长理论

经济增长理论是研究经济增长规律和影响因素的理论，从产生到成熟大致分为三个阶段。

（一）古典经济增长理论

古典经济增长理论最早可追溯至亚当·斯密 1776 年在其代表作《国富论》中提出的观点，斯密认为资本积累、专业分工是促进经济增长的根本动因。李嘉图认为，劳动者数量的增加以及劳动生产率的提高可以促进经济增长，但这一增长最终会在边际报酬递减规律的作用下陷于停滞，同时李嘉图也注意到技术进步在抵消边际收益递减上的积极作用。哈罗德采用长期动态分析方法考察了凯恩斯的国民收入决定理论，并提出储蓄率、资本—产出比率等是决定经济运行的动态因素；随后，美国经济学家多马提出了与之类似的经济增长模型，因此，学术界把二者合称为哈罗德－多马模型。尽管哈罗德－多马模型因为限定条件过于严苛而存在一定的局限，但其通过构建规范的数理模型研究经济增长及其影响因素的尝试，为学术界做出了较大的贡献。

（二）新古典经济增长理论

为对哈罗德－多马模型中的假设进行修订，索洛在《对经济增长理论的贡献》一文中强调了劳动力、资本这两类生产要素的内生作用和技术进步的外生作用，同时也肯定了政府和市场环境对经济增长的作用。同年，斯旺也提出了类似的模型，一般把它们合称为索洛－斯旺经济增长模型，即新古典增长模型。索洛－斯旺模型强调了资本积累的作用，其主要贡献在于：长期来看技术进步是生产效率提升的唯一动力；推动经济持续稳定增长的原因在于技术进步和人口增长。虽然模型对现实经济问题有相当的解释能力，但由于做出了技术进步是外生变量的假定，因而未能有效解释各国在经济增长中出现的长期差异。

（三）内生经济增长理论

20 世纪 60 年代之后，新古典经济增长理论的缺陷日益引起人们的关注，探索通过技术进步“内生化”进而对新古典增长模型进行修正和完善的尝试逐渐展开。1962 年，经济学家阿罗在其经典论文《干中学的经济含义》中提出了“干中学”模型，认为从生产实践中获取知识的“干中学”行为是人力资本积累、技术进步的源泉，增加资本不仅能对经济增长产生直接影响，还能通过“干中学”带动其他资本生产率的提升，进而对经济增长产生间接影响。由于该模型依然是借助外生变量来解释经济增长，因此并非完全意义上的内生增长模型。

1986 年，罗默在《收益增长和长期增长》一文中指出，知识是独立于劳动和资本之外的另一种特殊的生产要素。罗默尝试将技术进步内生化，并将公共知识和专业知识存量引入模型，进而建立了内生增长模型。罗默的突出贡献在于将技术进步内生处理，并得出技术进步是推动经济增长的根源这一重要结论。卢卡斯指出，表现为劳动技能的人力资本是经济增长的源泉。随后，格罗斯曼和赫尔普曼开创并发展了基于 R&D 的内生经济增长模型，认为 R&D 是经济增长的驱动力。总的来看，内生的技术进步是经济持续增长的决定因素这一观点是内生经济增长理论的核心内容。创新要素保障是技术进步的前提，创新要素的集聚水平是影响技术进步的主要因素，制造业作为我国实体经济的主体，其发展质量越来越依赖于技术进步的程度，因此围绕创新要素集聚与制造业发展关系的研究也成为经济增长理论的重要组成部分。

五、协同理论

协同观念最早起源于中国古代的哲学思想，例如《易经》中的“天人合一”、《道德经》中的“自然天道观”等（张海笔，2013）。协同在中文词典中的含义为“同心合力，互相配合”，其实质为“1+1>2”所产生的作用效果。1965 年，美国战略管理学家安索夫在《公司战略》中把协同思想引进了管理学，强调企业通过各业务单元间的合作，实现经济活动整体收益大于各业务单元独立活动收益总和（坎贝尔和卢奇，2003）。

协同理论亦称“协同学”或“协合学”，由联邦德国科学家赫尔曼·哈肯于 1971 年创立，主要研究复杂系统子系统间的合作行为。序参量是协同理论的核心概念，它既是子系统合作效应的表征和度量，又是系统整体的运动状态的度量。1977 年，哈肯在其著作《协同学导论》中对协同理论进行了系统论述，哈肯认为协同就是各子系统间相互合作而成构，序参量间协同而成序。白列湖（2007）系统总结了协同理论三个方面的内容，即协同效应、伺服原理和自组织原理。

第二节 文献综述

本节主要从创新要素集聚相关研究、制造业高质量发展相关研究、创新要素集聚与制造业高质量发展关系研究三个层面来梳理相关文献。在此基础上，对上述三个方面的文献进行研究述评，尽量全面地梳理和了解研究进展，为进一步研究找到切入点。

一、创新要素集聚相关研究

生产要素在地区间的不均衡分布是经济学的理论基础之一，要素的非均衡分布以及地区需求差异导致要素在地区间的流动，最终促成生产要素在区域间的集聚（孙军和王先柱，2010）。国外学者围绕创新要素及创新要素集聚的研究较早，法国经济学家佩鲁发现要素会在条件较好的区域集聚，并提出了集聚增长极理论。同时，集聚的累积循环因果论（米达尔，1957）、新经济地理学理论（克鲁格曼，1998）以及企业的空间布局研究等都有涉及要素集聚方面的内容。20 世纪 90 年代中期，我国学者开始研究与集聚相关的经济问题，最初主要集中在对国外相关理论的引入以及产业集聚形成机制、影响因素等方面的研究，但并未将产业集聚和要素空间集聚区分开来。通过对国内外相关研究的系统梳理，围绕创新要素集聚的相关研究主要集中在以下方面。

（一）创新要素集聚的内涵、测度与评价

关于创新要素和创新要素集聚内涵的相关研究在前文已经做了详细论述，不再赘述。现有关创新要素集聚测度的研究主要集中在空间测度方面。新经济地理学认为要素集聚程度是经济活动中空间集聚力和发散力共同作用的结果。目前，衡量创新要素空间聚集度的指标主要有两类：一类是可以测度溢出效果的指标，主要包括地理集中度指数（EGGCI）、地理集中指数（GCI）等；另一类是不能测度溢出效果的指标，包括区位熵（LQ）、行业集中度指数（CR）、区域基尼系数（LGC）和赫芬达尔指数（HHI）等。关于创新要素空间聚集度测算的方法主要包括以下几类：一是构建涵盖不同指标变量的创新要素集聚指标体系，通过因子分析法、熵值法等测度创新要素集聚度，指标体系主要包括人才要素、资本要素、技术要素、政策要素等，该方法可操作性较强（池仁勇等，2014；邹游，2017；杨博旭等，2020）；二是基于创新要素集聚的空间属性，通过区位熵改进法等测度创新要素的人力集聚效应、资金集聚效应等，该方法反映要素集聚的相对规模与绝对规模，但对指标要求较高，测度结果的综合性和整体性不够，往往"只见树木，不见森林"（周杰文等 2018；余泳泽，2011）。此外，江永真（2015）通过构建模型对区域企业创新要素集聚效益进行了评价，结果表明，我国区域企业创新要素集聚效益处于良好水平。刘帅等（2021）基于我国 30 个省级区域 2002—2018 年的面板数据，对创新要素集聚能力的时空格局和动态演化规律进行了实证，研究表明，创新要素集聚能力区域差距来源于非邻区域，创新要素集聚能力整体呈正向空间集聚，其空间分布呈现不同程度的极化现象。

（二）创新要素集聚与区域经济发展

创新要素集聚是创新驱动发展的普遍规律，通常与创新能力提升相伴而生，其最终目的是促进区域经济发展，例如，美国的波士顿 128 公路、硅谷，日本的筑波以及我国北京中关村等区域的创新发展无不体现了创新要素集聚的重要作用（苏文松等，2020；马莱茨基，2008）。创新要素的集聚水平更是决定了产业的发展层级，正因为如此，围绕创新要素集聚与区域经济发展的相关研究成果比较丰富。王胜英（2003）指出，要素集聚差异性和要素集聚整合效益对于城市发展模式的形成至关重要。米娟（2008）在研究我国区域要素集聚时指出各要素在区域分布极不平衡。高丽娜和蒋伏心（2011）以江苏宁镇扬地区为例，对创新要素集聚和扩散进行研究，研究表明创新要素的空间集聚与扩散是实现要素空间组合与集成的过程，是推动毗邻区域间实现增长传递的重要渠道。方远平和谢蔓（2012）

以我国 31 个省份为研究单元，通过 Moran's I 指数的全局分析，研究发现各创新要素在省域间存在空间相关性的差异。李婧（2013）采用动态空间面板经济计量模型，对中国区域创新活动的空间集聚现象进行考察，结果发现区域间的创新活动存在明显的空间集聚效应。齐亚伟和安锦（2015）认为物质资本、人力资本等生产要素的集聚是提升区域创新能力实现可持续发展的关键，为充分发挥要素集聚对区域经济发展的促进作用，应更加重视人力资本的集聚。郭元源等（2016）对浙江省的要素集聚及空间效应展开实证分析，研究表明区域内的要素集聚受到区域环境以及自身内部属性的影响，同时也受到相邻区域的要素集聚情况的影响。王钺和刘秉镰（2017）基于全要素生产率的视角对创新要素的流动集聚展开研究，研究发现研发资本等创新要素的流动、集聚对区域的全要素生产率有显著的正向影响。张斯琴和张璞（2017）实证检验了创新要素集聚对城市生产率的贡献，结果表明创新要素集聚对于城市及地区的发展至关重要，并能有效提升本城市以及周边地区的劳动生产率。刘国炳等（2019）指出，创新要素的集聚已经成为我国区域经济发展新的竞争焦点，中西部地区正在积极优化吸引要素集聚的外部环境。张宓之等（2020）基于浙江省 11 个地级市的创新数据对创新空间溢出效应进行了实证检验，结果表明创新空间溢出效应对于创新要素集聚与区域企业集群发展存在显著的正向促进作用。此外，我国创新要素集聚能力呈现出发展模式固化、路径依赖等特征，各创新主体要素集聚能力状态变迁呈现出空间依赖特征（刘帅等，2021）。

（三）创新要素集聚与创新效率

国外关于创新要素集聚与创新效率的研究较早。弗里曼（1989）指出，创新要素对创新成果起到了重要作用，区域间的创新要素流动有助于提高创新效率。杨和马库斯（2001）认为技术要素的流动使得创新更有效率。贝内托（2003）实证检验了研发投入与企业创新水平间的关系，发现两者间呈正向相关。西米（2005）研究指出创新要素的空间集聚有利于促进创新主体之间的协同创新。罗宾逊（2007）指出技术要素集聚在创新活动中起到了关键作用。余泳泽（2011）实证检验了创新要素集聚与科技创新效率间的关系，结果表明，创新要素集聚对于企业的科技创新效率具有正向影响，对于科研机构创新效率具有负影响，对于高校的影响不显著。余泳泽和刘大勇（2013）的研究表明，创新要素聚集通过空间外溢效应带来创新效率的提升。谭建伟等（2015）基于主成分分析法对人才要素集聚效应展开分析，结果发现，科技人才集聚显著提升了技术创新效率和经济发展水平。卓乘风和邓峰（2017）从空间视角探讨了创新要素集聚与创新绩效间的关系，结果显示在政府研发的大力支持下，创新要素的流动会对区域创新绩效产生重要影响。张振山等（2018）利用空间杜宾模型分析发现要素集聚对创新效率有显著的正向影响。刘兵等（2019）研究发现创新要素的动态集聚在促进创新要素更新的同时也降低了创新成本，因此，创新要素集聚可以有效提高区域的协同创新效率。吴卫红等（2020）运用门槛分析法研究了我国 30 个省份近 10 年间的创新要素集聚水平，结果发现创新要素集聚对区域创新绩效的溢出效应呈现先递增、后递减的“倒 U 形”趋势。影响创新效率的主要因素包括创新要素质量、产业集聚水平、技术因素以及环境因素等，可见，创新要素集聚是否影响创新效率主要取决于创新要素的质量水平（李盛楠和范德成，2020）。

二、制造业高质量发展相关研究

2017 年，党的十九大报告中首次提出“高质量发展”这一概念，同年 12 月中央经济工作会议、2018 年的政府工作报告以及 2020 年党的十九届五中全会等重要场合都对高质量发展做了特别强调。高质量发展是我国经济由要素驱动、数量增长转向创新驱动、质量提升的必然选择，同时也是解决当前发展不平衡不充分问题的有效做法。高质量发展是一个涵盖政治、经济、社会、生态等方方面面，遵循五大发展理念的循序渐进的过程，本书主要的关注点“制造业高质量发展”是经济高质量发展的重要内容，因此，本部分将围绕“经济高质量发展”和“制造业高质量发展”两个方面展开。

（一）经济高质量发展内涵、测度及路径研究

1. 经济高质量发展的内涵

经济高质量发展是相对数量扩张而言的，其重点在于经济增长质量方面。索洛提出了经济的长期增长模型，发现了技术与经济增长质量的关系。基于政治经济学视角，马克思的社会再生产理论中的质量循环链相关理论从一定程度上体现了经济高质量发展的内涵。苏联经济学家卡马耶夫指出，经济增长质量依赖于生产效率的提升，是以较少的投入获得较大的产出的过程。贝克和墨菲（1992）认为劳动分工提高了生产的专业化程度，进而会影响经济增长质量。里米（2005）验证了财政分权与经济增长的正向相关关系。吉奥（2015）认为企业家之间的知识溢出有利于促进经济增长。罗尚和潘迪安（2017）研究指出工业化速度与一国经济增长互相促进。

党的十九大以后，国内关于高质量发展的研究日益丰富，学术界对于高质量发展的内涵、评价以及实现路径等问题展开了深入研究。金培（2018）指出，基于商品二重性，高质量发展是满足人民不断增长的真实需要的经济发展方式。任保平（2018）指出高质量发展是一种新的经济发展模式，主要体现在社会供给的有效性、公平性以及生态化和现代化等方面。吕守军和代政（2019）指出，高质量发展遵循了马克思辩证唯物主义和历史唯物主义，与新发展理念是辩证统一的关系。高质量发展是推动国家治理能力现代化的关键一环。王一鸣（2018）从宏观、中观以及微观层面定义了高质量发展，其中宏观层面主要是国民经济的整体质量和效率，中观层面主要是产业发展水平和区域竞争力的提升，微观层面主要是指产品、服务供给能力和供给质量的提高。刘志彪（2018）认为创新是高质量发展的核心动力，协调是其内生特点，绿色是其普遍形态。

2. 经济高质量发展的测度与评价

"加快形成推动高质量发展的指标体系"是2017年年底中央经济工作会议提出的明确要求。目前，围绕高质量发展测度和评价方面已经积累较为丰富的成果，其中，早期进行相关研究的学者中，郑魁浩和张红营（1990）基于统计学视角，构建了区域经济发展指标体系，并针对农村经济评价、城市经济评价和区域综合经济评价等方面分别设置了指标体系。温素彬（1996）建立了我国首个经济增长质量综合评价体系，具体包括经济结构、产品供求、人民生活等方面。肖红叶等（1998）指出协调性、稳定性、持续性和增长潜力等是衡量经济增长质量的重要方面。单晓娅和陈森良（2001）构建了关于经济增长质量的综合评价统计指标体系。近期部分学者构建了多个经济高质量发展评价体系。李荣富等（2013）从稳定性、协调性、持续性、潜力和福利性等五个维度构建评价指标体系，用于测度经济发展的质量和水平。李梦欣和任保平（2019）参照五大发展理念构建了中国经济高质量发展的评价指标体系。刘浩和刘树霖（2021）以广西为例，基于14个地级市的面板数据，采用熵权TOPSIS法对广西的城镇发展质量进行测度。刘会武等（2021）构建了国家高新区高质量发展评价指标体系。杨阳等（2021）从经济活力、创新效率、绿色发展等五个维度构建指标体系，并对长三角城市群41个城市经济社会高质量发展水平进行测度。

3. 经济高质量发展的实现路径

张军扩等（2019）在研究高质量发展的目标和战略路径时提出，实现向高质量发展的跃升，一方面要加快形成与之相配套的体制机制，营造高效、公平和可持续发展的政策环境，另外也需要尽快在技术短板上寻求突破。王一鸣（2020）认为，构建高质量发展新格局，重点是增强创新能力、加快科技自强。刘志彪和凌永辉（2020）通过研究结构转换和全要素生产率与高质量发展的关系后指出，推进高质量发展的关键在于加速经济结构转换，促进全要素生产率的稳步提升。部分学者从区域协调发展视角对经济高质量发展的实现路径展开探讨。许思雨和薛鹏（2019）从发展动力、经济结构和稳定性等三个方面对我国 30 个省份经济发展质量进行评价，结果表明，我国东、中、西部经济发展的质量存在较大差异。陈喜强和邓丽（2019）研究发现区域一体化有利于经济高质量发展。此外，有学者提出生态环境与人力资本都是推动经济高质量发展的重要因素。陈诗一和陈登科（2018）在研究雾霾污染和经济高质量发展的关系时指出，治霾有助于提升大气环境和经济发展质量，从而助推中国经济的高质量发展。在人力资本方面，江三良和侯缓缓（2021）利用中介效应模型对人力资本促进中国经济高质量发展的作用路径展开研究，发现人力资本结构优化对经济高质量发展有重要的推动作用。陈抗和战炤磊（2021）也指出，人力资源高质量发展有利于推动实体经济高质量发展。

（二）制造业高质量发展测度及路径研究

1. 制造业高质量发展的测度与评价

现有成果主要集中在创新能力和竞争力的评价方面，此外，研究视角主要是从国家、省域以及跨区域等三个层面展开，其中，针对国家层面的制造业高质量发展测度研究较多。黄群慧（2017）指出制造业高质量发展的核算指标要以绿色发展为先导，可持续发展为目标。金碚（2018）将五大发展理念与效率、质量、结构、安全、可持续性等因素充分融合，构建出评价制造业高质量发展的综合指标体系。江小国等（2019）的研究表明，我国制造业高质量发展水平呈不断上升态势，特别是在 2015 年之后，其上升速度不断加快。罗序斌和黄亮（2020）基于四化的视角，对我国制造业高质量发展的水平测度展开研究，结果显示，我国制造业内部发展不平衡，总体质量水平较低，区域差异比较明显。杨浩昌等（2021）构建了包括制造业人均总价值、制造业增加值、制造业产品销售率等 18 个子指标的制造业高质量发展指标体系，并运用该指标体系实际测度了我国制造业发展水平，结果表明，我国制造业总体发展水平呈现上升态势，但东、中、西部地区发展水平依次递减，东部地区居于领先地位，西部地区处于落后状态，同时，各省份的制造业发展水平存在着“非均衡性”问题。冯雅倩（2021）以郑州制造业为例，从经济效益、技术创新、绿色发展和信息化水平等方面对其高质量发展水平进行测度。钞小静等（2021）基于2002—2018年的行业数据，运用纵横向拉开档次法和BP神经网络算法测度了中国装备制造业及其子行业的发展水平，结果显示，我国制造业高质量发展水平不断上升，尤其在2008年以后创新研发环节逐渐成为制造业高质量发展的核心动能。

2. 制造业高质量发展的实现路径

李巧华（2019）指出新时代制造业高质量发展的四条实现路径：基于引进技术的平台开发嵌入路径和双边市场嵌入路径以及基于自主研发技术的平台开发嵌入路径和双边市场嵌入路径，以上均体现了技术创新在制造业高质量发展中的重要作用。江小国等（2019）从依托基础、发展动力、生产方式、产品模式、支撑行业、配套产业与发展目标等七个维度，综合性地提出了推动制造业高质量发展的立体化路径。沈莹（2020）在研究制造业高质量发展新动能时提出，制造业高质量发展需要做好以下工作：一是构建以创新为引领的现代制造业体系；二是推动制造业向价值链中高端延伸；三是促进现代服务业与先进制造业的深度融合。高运胜和杨阳（2020）从全球价值链重构的角度对我国制造业高质量发展的路径展开研究，提出了要坚持创新驱动、破除低端锁定和高端封锁的双重困境等。王娟等（2021）研究先进制造业高质量发展时指出，先进制造业是我国经济高质量发展的支柱产业，其高质量发展主要包括科技创新、市场需求、人力资本以及制度创新等驱动因素。近年来，随着数字技术的不断突破，基于信息技术的创新异常活跃，全球制造业的数字化、智能化发展已经逐渐兴起，学术界围绕创新推动造业高质量发展的研究已经由传统的创新要素转向数字创新这一核心要素（李英杰和韩平，2021）。吕铁和李载驰（2021）从价值创造和价值获取视角研究数字技术要素对制造业高质量发展的推动作用，结果表明，数字技术不仅在改变企业价值创造方式上有积极作用，同时有利于企业提高价值创造的效率、强化对生产和运营的管控，最终实现制造业企业高质量发展。

三、创新要素集聚与制造业高质量发展关系研究

（一）创新要素集聚与经济高质量发展

安德森（1963）探究了影响美国战后经济持续快速增长的相关因素，发现技术在提高经济增长质量过程中发挥着重要作用。库兹涅茨（1973）指出，技术进步是影响经济增长质量的重要因素。库克（2010）认为区域创新系统内的要素集

聚与来自系统外的政策和软硬件设施改善均能有效激发创新行为，进而促进经济高质量发展。经济由高速增长转变为高质量发展，其核心是经济发展方式、经济结构以及增长动力的转变。王一鸣（2018）、任保平（2018）、刘志彪（2020）等学者指出，我国经济高质量发展离不开创新要素的推动作用。万勇（2014）系统分析了创新要素的经济增长效应，结果表明，创新要素的空间集聚与共享有效促进了经济增长。赵华林（2018）认为经济高质量发展的关键在于创新驱动、绿色发展和民生福祉等。陈昌兵（2018）指出要素驱动转向创新驱动是经济高质量发展的典型特征，创新是经济高质量发展的根本动力。除上述理论层面的分析外，诸多学者尝试将计量经济学方法引入该领域，从实证角度探索创新与经济高质量发展间的数量关系。丁涛和顾金亮（2018）以江苏省为例，实证检验了科技创新与绿色发展、协调发展间的高度相关性。刘锴等（2020）基于平衡充分发展水平的门槛分析，提出了创新要素是高质量发展的“助推器”这一观点，其中，当平衡水平达到一定程度时，创新要素对经济高质量发展的促进作用越发明显。王淑英等（2021）基于我国30省域的面板数据，应用空间杜宾模型实证检验了创新要素集聚与区域经济发展间的关系，结果表明创新资本和创新人员等要素集聚对区域经济高质量发展有正向直接效应。王兵和吴福象（2021）以新经济地理学和内生增长理论为基础，构建出了贸易自由度约束下的局部溢出模型，研究得出了创新集聚与扩散对经济高质量发展的作用机制。

（二）创新要素集聚与制造业高质量发展

阿格因和豪伊特（1992）探究了资本集聚与研发创新间的动态互补关系，结果表明资本集聚和积累将有利于创新能力和技术水平的提升。霍彭海恩（2014）从分配与生产力理论的视角分析了技术创新要素与产业结构升级之间的关系，指出技术创新要素可以推动产业结构升级。史安娜等（2018）基于长江经济带11省市高技术产业2006—2015年的面板数据，实证检验了创新要素集聚对高技术产业的空间溢出效应，结果表明创新要素集聚对高技术产业发展具有显著的促进作用。苗圩（2019）指出，制造业高质量发展的重心是智能制造的发展，同时新一轮科技革命和产业变革的重要驱动力也在智能制造方面。刘国炳等（2019）认为创新要素集聚有利于重构我国区域产业体系，实现高质量发展。陈昭和刘映曼（2019）研究发现促进制造业高质量发展的关键是推动企业创新，同时，政府补贴、奖励等政策在激励企业创新方面也发挥着积极作用。任保平（2019）认为我国制造业高质量发展应该遵循以制造业科技创新为核心的创新战略。吕铁和刘丹

（2019）指出中国制造业在劳动力、技术、能源等关键要素产出效率方面与美国、日本、德国等制造业发达国家有明显差距，中国制造业发展水平和发展质量的提升迫切需要关键要素的集聚。张向荣（2020）采用2000—2018年的相关数据实证检验了粤港澳大湾区制造业要素集聚对创新效率的异质性影响，研究表明制造业要素集聚与创新效率间存在“倒U形”关系。陈清萍（2020）利用沪苏浙皖全境41个城市2010—2017年的数据，采用双重固定效应模型，验证了创新对长三角制造业高质量发展的积极作用。赵爱英等（2020）在研究制造业高质量发展的难点及路径时指出，创新要素对制造业高质量发展具有重要意义。高丽娜和宋慧勇（2020）研究表明，创新能力在影响制造业发展质量方面存在空间异质性，人力资本积累效应对制造业高质量发展的促进作用不够显著。陶长琪和冷琴（2021）围绕创新驱动影响江西省制造业高质量发展进行了实证分析，结果表明要素配置优化能显著促进制造业高质量发展，并且对低水平城市的提升作用更有效。黄顺春和张书齐（2021）研究表明创新要素是测度制造业高质量发展的核心指标。陈富良和田刚元（2021）以黄河流域制造业为例，研究指出要素的流动，尤其是创新要素的集聚，为制造业高质量发展提供了强劲驱动力。

四、研究评述

围绕创新要素集聚的相关研究是技术创新理论和内生经济增长理论的深化和延续，关于创新要素的界定、创新要素集聚的动因以及创新要素集聚水平测度方面，国内外已经有了比较丰富的研究成果，为后续研究奠定了理论基础。随着资源、环境约束的加剧以及市场竞争的白热化，制造业发展由数量增加转向质量提升已成为必然。为顺应这一要求，中国率先提出了“经济高质量发展”这一战略思想，国外研究主要聚焦在发展质量、发展动力方面，因此关于高质量发展的研究具有鲜明的中国特色。目前关于经济高质量发展的内涵、测度及其影响方面的研究已经比较丰富。制造业高质量发展是新形势下的新命题，现有研究大多都围绕内涵阐释、评价体系构建、实证测度分析和发展对策建议等方面展开；目前学术界对制造业高质量发展内涵方面还没有得出一致结论，但基本都认为制造业高质量发展涵盖了动力转换、效率和竞争力提升、供求平衡、绿色发展等方面的内容；关于制造业高质量发展的评价正在不断丰富，国内很多权威机构和专家学者分别从专业和综合角度构建了评价指标体系，相关理论和实证研究也在不断完善。

为促进制造业高质量发展，就需要对其影响因素进行系统的探索，现有研究表明，创新是促进制造业高质量发展的核心要素，但创新能力的提升最终来源于人才、资本、技术、制度、政策等创新要素。创新要素作为稀缺资源，不可能在一国或者一个区域内部实现绝对的均衡分布，创新要素的非均衡性和区域发展的现实需求促进了创新要素在特定区域和产业的聚集，并最终形成增长极，进而带动区域或周边产业的高质量发展。因此创新要素集聚在制造业高质量发展中发挥着举足轻重的作用，目前，学术界围绕两者关系的理论研究已陆续展开，但将两者结合起来进行实证研究的文献还比较少见。

本研究基于国内 30 个省份创新要素投入和制造业发展相关数据，首先对创新要素集聚和制造业高质量发展水平进行测度，其次建立起创新要素集聚影响制造业高质量发展的理论模型，最后进行实证检验。理论成果和实证结论能够实事求是地展示我国制造业高质量发展的动力根源，为制定切实可行的发展方案、提出针对性政策建议提供参考。综合来看，本研究是对现有理论和实践成果的丰富和拓展，同时也为我国现阶段深入实施创新驱动发展战略，促进制造业高质量发展提供了思路。因此，本研究具有视角和方法上的创新性、时代上的必要性、内容上的针对性和路径上的可行性。

第三章　创新要素集聚及其影响制造业高质量发展的理论分析

随着中国经济发展由资源、要素驱动转向创新驱动，创新能力已成为衡量区域发展水平的重要指标之一。随着区域创新能力的提升，作为创新能力动力源的创新要素也逐渐呈现出集聚态势。研究表明，创新要素集聚水平对区域创新和经济发展产生重要影响（贝内托，2003；西米，2005；刘备和王林辉，2020）。制造企业既是创新活动的实施主体，也是创新要素的主要集聚地，其发展质量必然受到创新要素集聚的影响。为此，本章在厘清创新要素集聚动因、过程及效应的基础上，进一步从理论上探讨创新要素集聚对制造业高质量发展的影响机制，进而为后续的实证研究奠定理论基础。

第一节　创新要素集聚动因分析

现有文献从不同角度对创新要素集聚动因进行了分析，经比较发现，其核心影响因素具有很大的趋同性，主要集中在政策因素、利益因素和市场因素等方面，各种因素互相影响、互相转化，其作用力的发挥又依赖于特定的条件，同一影响因素既可表现为动力因素也可表现为阻力因素。企业是创新要素集聚最核心的载体，同时也是创新活动开展的核心主体，为对创新要素集聚动因进行系统全面的梳理，以下将从企业视角围绕内因、外因两个方面分析创新要素集聚的动因。

一、外部动因

外部动因是指影响创新要素集聚且来自于企业之外的动力因素，这些外部动力因素能够诱导、唤起、驱动或转化为内在动因，进而促进创新要素集聚并影响制造业发展。

（一）国家战略

实施创新驱动发展战略、建设创新型国家是党中央的决策部署。创新要素集聚首先要符合国家战略的需要。2012 年，党的十八大明确提出我国要实施创新驱动发展战略，当年我国研究与试验发展人员全时当量、研究与试验发展经费支出、发明专利申请授权数、技术市场成交额分别为 324.7 万人年、10298.41 亿元、217105 项、6437.07 亿元，2020 年上述数据分别增长为 509.19 万人年、24426.00 亿元、530127 项、28252.00 亿元，年均增长率分别为 5.79%、11.40%、11.81%、20.31%。由此可见，国家战略是要素集聚的风向标，创新驱动发展战略的实施吸引人才、资金、技术等创新要素迅速聚集，为提升国家或区域创新能力奠定良好的基础。同时，国家层面长期稳定的创新投入，是创新驱动战略实施的保障，但若投入过于分散则达不到应有的效果，推动创新要素在关键地区、关键领域集聚，实现重点突破，是最现实有效的路径，例如我国在高铁、5G 等领域的自主创新便是很好的例证。

（二）政府政策

创新活动尤其是源头创新具有高投入、高风险的特性，无论在我国还是发达国家，创新活动的进行均离不开政府部门的支持，例如欧洲创新与技术研究院（EIT）是由欧盟委员会倡导成立的，旨在促进欧盟工商界、科研和高等教育的伙伴关系与密切合作；英国的技术和创新中心（TIC）是在英国政府的支持下成立的，致力于将科学成果经过进一步的研发转化为真正的产品，以推动英国制造业的发展并吸引国际企业；欧洲最大的应用科学研究机构——德国弗劳恩霍夫应用促进协会是由政府资助、协会管理的专门面向工业应用研究的科学研究促进机构；国内最早设立的新型研发机构——深圳清华大学研究院，是由清华大学和深圳市政府合作建立的。在政府政策的大力扶持下，以上机构均成为重要的创新要素集聚地。同时，政府支持创新活动的具体政策涉及人、财、物等多个方面，各地结合国家的发展定位以及自身产业优势确立各自未来一段时期的政策重点，例如上海的国家金融中心定位会促进更多金融要素，如金融人才、金融机构向该地区聚集；新冠疫情对各地应对突发公共卫生事件能力提出了较高的要求，从而会促进卫生领域创新要素的集聚。所有政策的颁布和实施，最终都推动了创新要素在特定机构、特定领域的集聚。

（三）市场动因

国内创新要素集聚最早发端于东南沿海城市，起初是为解决上述地区发展中面临的两类问题：一是区域内原始创新能力缺乏，创新驱动后劲不足问题；二是产业转型升级中的技术供给不足问题。可见，创新要素集聚的最直接原因在于市场需求。创新活动的最终目的是实现技术和产品的商业化，市场需求是激发创新的重要外部力量。市场经济运行中，稳定的盈利能力、持久的市场竞争力是企业追求的目标，但创新活动的高投入、高风险属性致使许多企业面临创新资源不足的困境，向外部“借力”便成为最现实的选择。然而，在我国现行的科技体制中，高校、科研院所是企业之外的重要创新主体，但其创新活动往往侧重于基础研究，创新成果更多的是科技论文，无法直接解决区域发展中的产业技术难题。当企业无法从高校和科研院所获取直接的技术成果时，便转向其背后的创新要素，“政产学研用”模式应运而生，随着创新合作的不断深入，创新要素逐渐向市场需求活跃的领域集聚。此外，激烈的市场竞争提高了技术更替的速度，企业为维持其技术优势就需要有大量的创新要素投入，但企业自身的实力往往只能解决内部的个性问题，前沿技术、共性技术和关键技术的突破则需要寻求外部合作，市场竞争压力越大，寻求外部合作的动机就越明显，创新要素流动的条件就越优越，最终会提升创新要素在产业内和区域内的聚集水平。

（四）其他环境因素

除前述的主要因素外，其他环境因素，如科技基础设施、相关法律法规、科技金融服务、科技中介以及能容错、崇尚创新的社会氛围等均能对创新要素集聚产生较大影响。

二、内部动因

内部动因是指存在于企业内部对创新要素集聚起直接作用的内驱力，具体包括以下三点。

（一）经济利益

持续稳定的盈利能力是企业生存和发展的保障，随着资源、环境等约束的加剧和生产成本的上升，依赖于规模扩张和数量提升的盈利模式已经不可持续，创新是第一动力、科学技术是第一生产力已成为必然。为获取自主创新能力，企业就要不断吸引创新人才的加入，加大创新资本的投入，从而推动了人才和资本要素的进一步集聚；为实现在模仿创新基础上的自主创新，企业就需要加大技术引进、消化吸收以及技术改造力度，从而推动了技术要素的进一步集聚。就具体要素而言，无论是人才要素还是资本要素都具有趋利倾向，优厚的工资待遇、较高的投资回报率自然是人才要素和资本要素的首选，最终推动了创新要素的集聚。

（二）创新能力维持

创新能力是技术和各种实践活动领域中不断提供具有价值的新思想、新方法和新发明的能力。创新能力是国家实力的体现、是企业竞争的核心。前沿技术研发可以维持国家和地区的创新优势；产业关键技术和共性技术研发可以保持产业的核心竞争力；企业的创新能力越强，其科技成果转化的速度越快、成效也越显著，进而对创新活动的保障力也就越大。为保持在前沿技术领域、共性技术领域和成果转化领域的持续竞争力，必然要求有充足的人才、资本和技术保障，最终推动创新要素在区域、行业和企业集聚，实现创新链、产业链、人才链、资金链多链融合。

（三）社会责任

除经济利益和创新能力维持外，社会责任也是企业发展的重要动力之一。当出现重大紧急技术需求时，企业便会把社会责任作为第一目标，主动进行科技攻关，为保障攻关行动的顺利实施，人才、资本、技术等创新要素的集聚成为必要条件，例如新冠疫情期间，华大基因、国药集团等企业纷纷在基因检测、疫苗研制等领域迅速发力。当某一领域受到市场需求、研发瓶颈等限制，出现人才等创新要素的暂时过剩时，为保证相关研究的可持续，就需要企业、科研机构、高校等创新要素载体在不考虑经济效益的情况下持续给予物质和条件保障，从而维持创新要素的集聚水平。

总之，创新要素集聚是在内部和外部动因共同作用下的复杂动态过程，其最终目的是推动产业发展和促进区域竞争力提升。

第二节　创新要素集聚的过程及效应

一、创新要素集聚的过程

创新要素集聚是随时间演化发展的过程，主要表现为要素在特定空间、特定产业间集中。从范围来看，创新要素集聚包括围绕国家创新系统的集聚、围绕跨省域经济圈的集聚、省域内集聚以及产业（或企业）间的集聚。结合现有研究成果同时考虑相关数据的全面性及可获得性，本著作所研究的创新要素集聚主要指省域层面的要素集聚。从方向来看，首先是创新要素从区域外向特定区域的集聚，其次是通过企业的合作竞争在企业或特定产业内集聚。从状态来看，集聚分为动态集聚和静态集聚，动态集聚是过程性的，是创新要素在地理空间的整合、优化和集中；静态集聚是结果性的，指创新要素在产业或企业的存量和配比状态。随着移动互联时代的到来，分布式创新、离散制造等成为新的发展趋势，不依赖于特定空间的创新要素“线上聚集”也成为一种新趋势。但无论是现实的空间集聚或是线上虚拟集聚，创新要素最终都要通过企业、科研院所、高等院校等创新主体实现转化。参考余泳泽（2011）、高丽娜和蒋伏心（2011）等的相关研究，绘制创新要素集聚系统模型如图 3.1 所示。

创新要素集聚是国家战略、区域发展、企业生存的需要，创新要素集聚最终表现为要素在由企业、高校和科研机构组成的载体系统内的集中，企业作为最重要的创新主体，对政策变化和市场变化的反应比较快，成为创新要素集聚最重要的载体。要素在企业的集聚推动企业创新能力的发展，从而会产生区域内的核心企业，要素在核心企业聚集到一定程度后会随着人员流动、技术交换等逐渐向关联企业和关联产业扩散，最终形成新的更多的集聚区。载体系统中的高校和科研机构自身也是创新要素的集聚区域，同时在人才培养、基础研究、技术支撑方面发挥着重要作用，促进企业更有效地将创新要素转化为生产力从而获得经济效益。

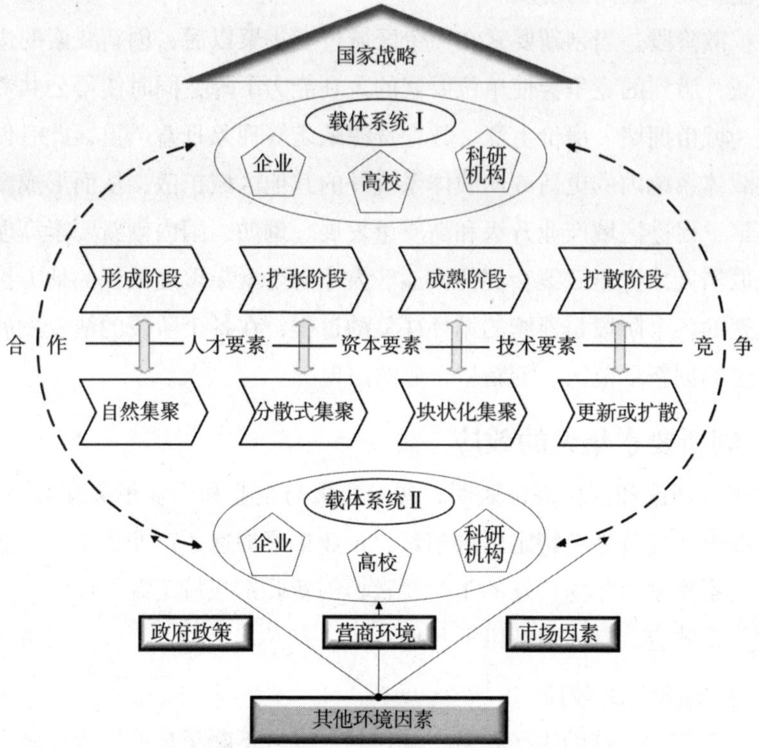

图3.1 创新要素集聚系统模型

随着创新要素在企业、高校、科研机构等创新主体间的集聚和扩散，自然形成了创新要素集聚的几个阶段。在现有理论成果的基础上，将创新要素集聚过程分为形成、扩张、成熟、扩散四个阶段。

（1）形成阶段。该阶段是要素集聚的初级阶段，以要素在区域或行业内的自然集聚为主，具体表现为企业为了自身发展的需要持续增加人才和创新资金投入，但由于自主创新能力较弱，技术引进和模仿创新为该阶段技术获取的主要方式。

（2）扩张阶段。随着创新要素集聚规模的扩大和集聚程度的加深，简单的模仿创新已经不能满足企业发展的需要，越来越多的企业开始探索自主创新并加强了与外界的合作，技术、知识等要素交换与流动日渐频繁，随之形成多个分散式的创新网络。

（3）成熟阶段。随着区域内企业间创新合作的不断加深以及政、产、学、研合作规模的扩大，以若干节点组成的块状化集聚区不断发展壮大，最终形成一批具有自主创新能力的地区乃至国家示范企业。成熟阶段是创新要素集聚的最高阶段，也是创新效率最高的阶段。

（4）扩散阶段。当创新要素在一个区域过度集聚以后，创新要素的边际收益会逐渐递减，激烈的竞争会使单位要素的盈利能力下降，同时使得公共资源变得更加稀缺，城市拥堵、房价上涨、教育资源缺乏等现象日益严重，此时创新要素会出现在载体系统内的更新或向载体系统外的其他区域扩散，从而形成新的更高级别的集聚，促进区域产业升级和高质量发展。例如，国内创新要素高度集聚的深圳等地取消人才优惠政策会促使该地区人才向要素集聚度偏低的地方扩散。创新要素集聚的各个阶段是连续的循环往复的过程，在各个阶段的演变发展中，便有新的更多的创新示范区、创新型企业的出现。

二、创新要素集聚的效应

要素集聚理论和区位理论表明，要素集聚与企业和产业集聚互为因果关系，企业为获取外在经济性在特定区域集聚，企业集聚加速了产业集中，产业集中反过来促进要素集聚。作为特殊的生产要素，创新要素在特定区域或特定产业的集聚会产生集聚效应，具体包括以下几点。

（一）规模经济效应

创新要素作为特殊的生产要素，其在某一区域不断集聚的过程伴随企业规模的由小变大，按照生产理论相关规律，整个集聚过程会导致长期平均成本 LAC

的变化，若 LAC 下降则是规模经济阶段，若 LAC 上升则为规模不经济阶段。创新要素的空间集聚能促进区域内产业结构升级和生产效率的提升，进而促进企业经济效益的提升。传统产业集群发展促使大量企业、要素和资源在集群区聚集，但随着集群发展程度的加深，会面临要素边际收益递减、生产成本上升、市场竞争加剧等问题。创新要素集聚区别于一般生产要素的集聚，其边际收益递减的周期较一般生产要素更长、收益递减速度也更慢，创新要素集聚会促使企业加快技术创新、改进生产方式，促进产业升级。创新要素集聚带来的生产工艺的改进、生产效率的提高可以适度降低企业生产成本，带来产品价格的下降，提升企业的经济效率。在要素集聚成熟期，创新要素集聚的正外部性达到最大化，整个集聚地呈现出生产率高、资源错配程度低的状态，规模经济效应得以充分发挥。创新要素与一般要素规模经济效应比较，如图 3.2 所示。

图 3.2 中，LAC_1 表示一般要素投入的长期平均成本曲线，LAC_2 表示有创新要素投入的长期平均成本曲线。根据生产理论，LAC_1 呈现先下降后上升的“U”形，Q_1 为最佳有效规模；创新要素的稀缺属性决定了其单价要高于一般要素，期初创新要素投入下的平均成本 LAC_2 大于 LAC_1，但随着要素集聚水平的不断增加，先进技术的采用、生产效率的提升使 LAC_2 不断下降，最终使得最低平均成本 $LAC_{2min}<LAC_{1min}$，最佳有效规模 $Q_2>Q_1$，创新要素集聚的规模经济效应得以体现。

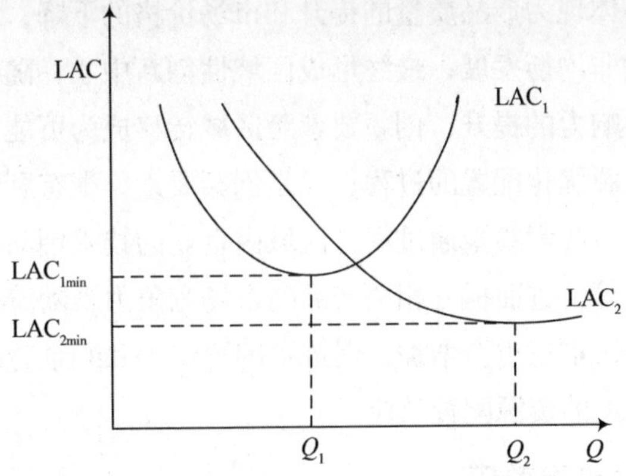

图3.2 创新要素集聚的规模经济效应

（二）空间溢出效应

溢出效应是指一个组织在进行某项活动时对组织之外的人或社会产生的影响。溢出效应既可以是基于地理上的邻近关系，也可以基于经济上的技术差距和吸收能力（格里菲思，2010）。空间溢出效应的研究起源于赫希曼的“极化－涓滴”

学说（史安娜等，2018）。理查德森（1976）将地区间的扩散（涓滴）作用称为正溢出效应，回流（极化）作用称为负溢出效应。创新要素集聚的空间溢出效应主要包括知识溢出效应、技术溢出效应和经济溢出效应三个方面。创新要素集聚区也是知识和技术集聚的核心区，各创新主体在创新要素竞争和配置中，形成了创新要素的流动，促使知识和技术在集聚区内以及集聚区以外的其他地区扩散，形成知识和技术的溢出效应。创新要素集聚初期，溢出效应发挥主要作用，此阶段的要素集聚，主要通过知识技术的溢出效应影响相关产业的创新活动，进而影响其经济效益水平。

（三）资源配置效应

资源配置是经济学研究的核心问题，一个经济体资源配置合理与否将对其资源利用效率产生重要影响。优化资源配置包括两个方面：一是资源在不同微观主体间的优化；二是资源在空间、总量及结构上的优化。要素集聚作为一种资源配置形式，是要素在特定领域实现优化配置的结果（蒂斯,2002）。创新要素集聚促进了要素的区际流动，从而有利于优化创新资源在区域空间的合理配置（白俊红和蒋伏心，2015）。创新要素集聚通过产业集聚影响资源配置。创新要素集聚的资源配置效应主要体现在：一是创新要素集聚会带来集聚区内创新主体数量的大幅度增加，这有助于增加知识技术供给，降低企业创新成本，提升企业参与创新的积极性，最终体现为产品质量的提升和市场价格的下降；二是创新要素集聚推动了创新能力的非均衡发展，最终形成区域性创新中心，随着创新中心要素集聚程度的增加和影响力的提升，创新要素跨区域转移成为可能，创新要素集聚或扩散的过程便是资源优化配置的过程；三是创新要素集聚有利于促进闲置生产要素的充分利用，创新要素集聚通过提升区域内企业的技术创新能力、运营管理能力和市场开发能力等，进而提升相关产品的市场竞争力，随着产品销量的扩大，对一般生产要素的需求量也会增加，促进了闲置资本和剩余劳动力的充分利用，实现了创新要素集聚的资源配置效应。

（四）环境改善效应

创新要素在空间上集聚已经成为经济发展过程中的一种趋势（毕朝辉，2018）。20世纪60年代中期，美国著名发展经济学家H. 钱纳里（H. Chenery）提出了用于解释发展中国家经济发展主要障碍和引进外资必要性的“两缺口”理论。改革开放初期，我国经济发展也面临着对内“储蓄缺口”和对外“外贸缺口”并存的“两缺口”现象。随着改革开放战略的深入推进，1980年起设立了包括深圳、珠海、汕头、厦门、海南在内的五大经济特区，特区的首要功能便是吸引外资以解决国内面临的“储蓄缺口”，随着各项配套优惠政策在特区的落地，一大批外商投资企业在特区落户，劳动、资本等生产要素迅速在区域内聚集，企业间面临的竞争和成本上升压力逐渐增加，有条件的企业开始探索走创新发展之路，创新要素便成为上述企业重点吸引的对象。随着创新要素在企业和区域内的聚集，同样遵从“形成—扩张—成熟—扩散”的发展规律，如此往复便推动创新要素向更高的集聚水平发展，更高水平的集聚需要更优的创新环境保障，从而促使区域或企业进一步改进制度设计、进一步优化营商环境，实现了创新要素的环境改善效应。例如，中国社科院等单位联合发布《中国营商环境与民营企业家评价调查报告》显示，2019 年 34 个主要城市的营商环境结果中，广州、深圳、上海、北京四个一线城市位列前四，而上述地区也是创新要素集聚程度较高的地区。

第三节 创新要素集聚对制造业高质量发展的影响机制分析

创新要素是保障我国创新驱动发展战略顺利实施的重要战略资源。《国家创新驱动发展战略纲要》指出要以创新要素的集聚与流动促进产业合理分工。近年来，各地围绕人才引进、资金争取以及技术获取等纷纷出台各种利好措施（凌华等，2020），其目的是吸引创新资源向该地区集聚。创新要素在某一区域或特定行业的集聚有助于打破协同创新壁垒，为促进经济高质量发展创造有利条件。基于前文创新要素集聚和制造业高质量发展内涵的界定，结合创新要素集聚的过程及效应，以下就人才要素集聚、资本要素集聚和技术要素集聚对制造业高质量发展的影响机制进行深入探讨。

一、人才要素集聚对制造业高质量发展的影响机制

人才是创新的第一动力，是创新活动的主导者和直接参与者。人才要素集聚是指具有创新意识和创新知识、有创新能力和创新动力的人才从各个地区聚集到一个地区的过程。一个地区创新人才的集聚，意味着另一个地区创新人才的流失，最终是为实现创新人才要素的优化配置，促进产业的高质量发展。人才要素集聚影响制造业高质量发展主要表现在以下方面。

（一）知识溢出

知识不同于普通商品之处是知识有溢出效应（阿克斯，2010）。新经济增长

理论认为，知识溢出和经济增长有密切的联系，同时美国硅谷的实践表明，技术创新活动更多地依赖于知识溢出效应（邱国栋和李作奎，2013）。知识管理理论将知识分为显性知识和隐性知识两类，其中显性知识的扩散主要通过大众媒介，而隐性知识的扩散更多依赖于面对面的交流。在知识更新和技术迭代快速发展的今天，社会活动对隐性知识的依赖越来越强，而隐性知识的传播又离不开人才要素的集聚。从知识包含的内容来看，可以分为普及类知识、专业类知识和创新类知识等，其中创新类知识主要包括技术创新知识、管理创新知识、市场创新知识等。技术创新经济学认为，创新活动包括知识创造与转移、共性技术研发与服务、关键及系统集成技术研发与工程化、创新支撑与产业化服务等，可见知识创造是创新活动基础。人才要素集聚带来的知识溢出，尤其是隐性知识的溢出便成为企业技术创新、管理创新和市场创新的源泉，从而促进了制造企业和产业集聚区域管理水平、技术实力以及市场开拓能力的提升，有效保障了制造企业的经济属性、创新属性和绿色属性，促进了制造业高质量发展。

（二）示范引领

区别于资本和技术要素，人才要素的集聚与扩散具有主观能动性。随着各地吸引人才政策的实施和户籍限制的放开，人才要素进一步集聚的态势越发明显。随着人才要素在某一区域的集聚，一方面从众心理和“马太效应”会促使优势区域的集聚水平越来越高（牛冲槐等，2006）；另一方面人才要素的集聚会倒逼相关部门完善配套设施、优化配套服务，从而提升了该区域对创新人才的吸引力。那些率先将人才要素集聚优势转化为发展优势的地区和企业，便会在新一轮竞争中获得先发优势和品牌效应，率先实现高质量发展，形成示范效应。随之而来的是更多的地区和企业竞相模仿和超越，人才要素集聚对制造业高质量发展的促进作用越发明显。

（三）竞合作用

创新人才的稀缺性和追求价值最大化的倾向，使得周边地区和关联地区的创新人才不断流入集聚地区，扩大了集聚区域内的创新人才规模。随着创新人才数量的增加，居于同一领域或同一产业链的知识储备各异的人才要素之间会形成良好的互动和互补，有效发挥了要素集聚的协同效应，实现“1+1>2”的效果。替代性较强的人才要素之间会形成竞争，进而促进集聚地区创新人才结构的不断优化，人才多向着更高学历或者具有更多创新成果的高端人才转换。互补性导致的成本递减和替代性导致的要素水平提升，分别促进了制造企业经济效益的改善和创新能力的提升。

以上分析表明，人才创新要素集聚通过知识溢出、示范引领和竞合作用等促进了制造业高质量发展，但创新要素的集聚水平也并非越高越好，随着人才要素的不断集聚，其边际报酬会进入递减阶段。同时，人才要素的集聚需要其他要素和环境的协同配合，单一的人才要素集聚无法发挥其应有的集聚效应。目前我国正处于创新驱动的快速发展期，多数地区处于人才要素边际报酬递增阶段，国内各大城市的“抢人大战”就是最好的例证。但也有少数地区，譬如深圳就开始取消各种人才政策，并呈现出要素向周边的东莞等地扩散的趋势。

二、资本要素集聚对制造业高质量发展的影响机制

资本创新要素是指用于创新活动的资金、仪器设备、实验耗材等投入。内生增长理论表明 R&D 投入的溢出效应是经济长期增长的本质（罗默，1986），R&D 投入可以通过产品创新和工艺创新，促进增长和增强竞争优势。资本要素集聚是持续投入的结果，是创新活动顺利进行的保障。创新资本在特定区域和行业的集聚，能够改善该集聚地区融资环境、提升行业内企业的治理水平，从而推动了制造企业的高质量发展。资本要素集聚影响制造业发展主要表现在以下方面。

（一）降低资金成本

创新尤其是突破性创新具有高投入、高风险的特点，高投入背后的资金成本压力往往成为制约企业创新活动的首要障碍。有研究表明，发展中国家的技术进步主要来自研发创新和技术引进两个方面，而研发创新大多是高度资本密集型活动，在创新活动实施过程中，需要大量的 R&D 资金投入（蔡玉蓉，2020）。中国企业联合会和中国企业家协会联合发布的《2020 中国企业 500 强榜单》显示，2020 年中国企业 500 强研发费用达到了 10754.06 亿元，其中排名前三的华为、阿里巴巴和中国石油研发费用投入分别为 1316.59 亿元、430.80 亿元和 286.91 亿元。资本创新要素的集聚有效降低了企业的研发成本和生产成本，其中资金要素聚集意味着充足的资金供给，在资金需求不变的情况下会降低资金利息，减少融资成本；仪器设备等在特定区域的聚集，为设备租赁和共享创造了条件，缓解了初创型、小型研发企业的研发投入压力。研发成本的降低提升了产品的市场竞争力，增加了企业的获利空间，保障了制造企业的经济效益。

（二）促进治理能力提升

创新资本的聚集并不代表生产力的形成，区别于一般的生产过程，创新活动从基础研究、应用研究、试验发展到成果转化经历的周期较长，这期间的不确定性因素较多。虽然资本的趋利属性决定了创新资本倾向于流入发展前景好、获利能力强的领域，但要真正将高利润创新领域识别出来却十分困难，因此创新资本投入更多依赖于企业治理能力和成长能力的提升。《中国科技统计年鉴（2020）》数据显示，2019 年全国研究与试验发展（R&D）经费内部支出总额为 22143.58 亿元。从资金来源看，政府资金 4537.31 亿元（占比 20.49%）、企业资金 16887.15 亿元（占比 76.26%）。从资金投向看，基础研究 1335.57 亿元（占比 6.03%）、应用研究 2498.46 亿元（占比 11.28%）、试验发展 18309.55 亿元（占比 82.69%）。以上数据表明，我国研发投入资金来源主要是企业资金和政府资金，而投向上又以试验发展经费为主。无论是政府资金或是企业资金，在确定具体投向之前碍于创新活动的高风险性，转而对企业的研发经历、内部控制水平、管理绩效等提出了更高的要求。制造企业为获取更多的资金支持，便会更加重视治理能力及管理水平的提升，进而为制造业高质量发展奠定了微观基础。

（三）改善融资环境

投融资环境改善与资本要素集聚互为促进。资本要素集聚会吸引包含银行、担保公司、券商、租赁公司、科技服务企业等在内的多种业态在区域内的聚集，丰富的融资模式、多样的科技金融产品、完善的资本运作服务加速了资本要素的产业化进程，缩短了盈利周期，加速了产业链上下游融合的步伐，为创新链、资金链、产业链多链融合创造了条件。特定区域或行业融资环境的改善会形成对关联区域的辐射效应，加速了资本创新要素在更大范围内的集聚，进而推动技术创新的协同、产业链的延伸和产业结构的升级，促进了制造业高质量发展。

与人才要素一样，资本要素的过度集聚会导致资金使用效率的低下和边际报酬的递减，资本要素作用的发挥同样需要其他要素的协同发力。也有研究表明，资本创新要素的使用效率比数量积累更加重要，因此探讨资本要素集聚对制造业高质量发展的影响需要综合考虑各种因素，不能一概而论。

三、技术要素集聚对制造业高质量发展的影响机制

技术要素是创新竞争力的决定性因素，用以衡量技术从获得到应用所需消耗的费用。本书所指的用于技术要素的费用未包含在 R&D 经费内部支出之列，侧

重于外部技术的获取与改造，即通过技术改造、引进技术和消化吸收等方式开展技术创新和变革。技术要素集聚是一个动态过程，主要表现为技术要素在区域内外的流动，并通过这种流动实现最优配置（黄晖和金凤君，2011）。技术要素集聚影响制造业高质量发展主要表现在以下方面。

（一）提升生产效率

与人才和资本要素不同，技术要素可以直接作用于企业的生产行为，企业通过引进、购买或改造相关技术，直接提升了自身的生产效率、增强了产品的技术含量，从而为获取超额利润奠定基础。同时，技术要素在特定区域和产业内的集聚，为企业进行技术选择创造了条件，加快了技术迭代和技术升级进程。技术要素集聚促进制造业生产效率提升的具体过程如图 3.3 所示。

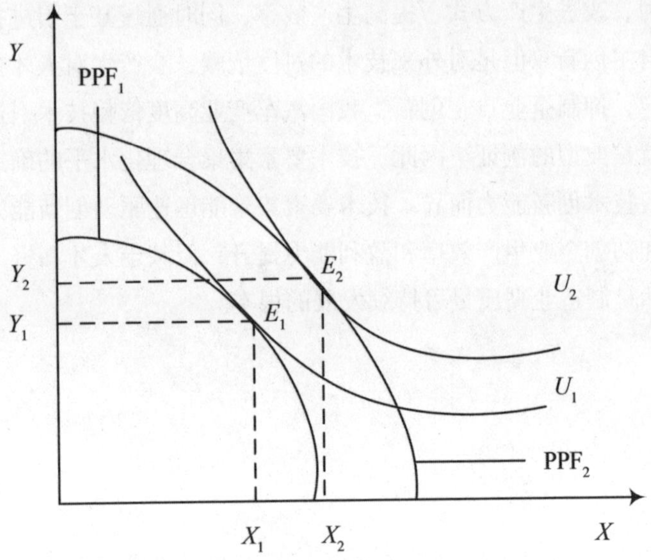

图3.3　技术要素集聚促生产效率提升原理图

图 3.3 中，PPF 为生产可能性边界，表示既定资源和技术条件下所能生产的 X、Y 两种商品最大数量的组合，U 代表等效用曲线，PPF_1 和 U_1 的切点 E_1 为期初的帕累托最优，两种商品的最优生产组合为（X_1，Y_1）。在物质投入既定的情况下，技术要素集聚推动了技术进步，生产可能性边界向外移动到 PPF_2，新的帕累托最优状态下，两种商品的生产组合为（X_2，Y_2）。显然在物质要素投入不变的情况下，技术要素集聚提升了生产效率、降低了生产成本，为企业获取竞争优势实现高质量发展奠定了技术基础。

（二）产生极化效应和扩散效应

鉴于技术要素对生产活动的直接作用，技术要素在特定区域的集聚，能够快速推动该地区的产业集聚，通过产业集聚吸引更多创新要素的集聚，从而形成经济发展的增长极。在一个创新能力活跃的产业集聚区，新技术、新工艺往往会得到迅速传播，并能被周边企业快速接受（理查德森，1976）。极化效应使该地区产业和要素集聚水平达到新的高度，要素之间、产业之间、企业之间的竞争、合作与博弈推动要素质量、产业层级和企业竞争力的进一步提升。当技术要素在某一区域或行业集聚到一定的程度之后，便会向周边地区或关联行业扩张，扩散效应开始发挥作用。极化效应驱动技术要素集聚进而推动制造业高质量发展，扩散效应驱动技术要素流动促进制造业在更大范围内高质量发展。

企业通过国外（境外）技术引进、国内技术购买、技术消化吸收等能迅速提升技术实力、改进生产方式、提高生产效率，同时通过基于引进技术的模仿创新最终实现自主创新。但是对外来技术的过度依赖，会产生对人才要素和资本要素的挤出效应，抑制企业自主创新，我国汽车产业高度依赖技术引进导致自主创新能力不足就是典型的例证。因此，技术要素集聚合理化水平的确定因区域内产业发展水平、技术创新能力而异。技术要素集聚能迅速驱动创新能力欠发达地区的经济发展和初创企业生产效率和盈利能力提升，但基于人才和资本要素集聚的自主创新依然是制造业高质量可持续发展的根本。

第四章　创新要素集聚和制造业高质量发展的测度与特征事实

第三章对创新要素集聚及其对制造业高质量发展的影响进行了理论分析，在实证分析创新要素集聚对制造业高质量发展的影响之前，需要对创新要素集聚、制造业高质量发展等核心变量进行测度和分析。为全面了解创新要素集聚现状，本章将对创新要素集聚进行总体、分行业和分区域测度分析；在制造业高质量发展方面，通过构建包含“经济、创新、绿色”三大类9个具体指标的评价体系，采用全局熵值法对制造业高质量发展进行测度。本章内容为后续实证分析提供数据支撑。

第一节　创新要素集聚的测度与特征事实

一、总体视角下创新要素集聚的测度与分析

（一）测度方法介绍

1. 创新要素集聚率

行业集中度指数（Concentration Ratio，CR）是指行业内规模最大的前N家企业的相关指标占整个行业的份额，比值越大表明在该指标上的集中度越高，比值越小意味着竞争越激烈。借鉴王晓君等（2021）相关方法，将行业集中度指数CR用于测度创新要素的集聚率，用规模较大的省份创新要素占全部省份创新要素的比重来表示，公式如下：

$$CR_{n,k}=\sum_{j=1}^{k}x_j\Big/\sum_{i=1}^{n}x_i \quad (j=1,2\cdots,k;\ i=1,2\cdots,n) \tag{4.1}$$

式（4.1）中，CR为创新要素的集聚率；n为省份总数；k为规模较大的省份数，本研究选取创新要素指标排在前10%、20%和30%的省份；x_j为规模较大省份创新要素数量，x_i为某一省份创新要素数量。CR可直接反映规模较大的省份创新要素占全部创新要素的比重，由此可看出该创新要素的集聚程度。

2. 创新要素的总体聚集度

赫芬达尔－赫希曼指数（Herfindahl–Hirschman Index，简称 HHI），简称赫芬达尔指数，同样是一种测量产业集中度的综合指数，用来计量市场中厂商规模的离散度。赫芬达尔指数是经济学界和政府部门使用较多的指标。同样借鉴王晓君等（2021）的相关方法，本研究中创新要素的总体聚集度用赫芬达尔指数表示为：

$$\mathrm{HHI}=\sum_{i=1}^{n}\left(\frac{x_i}{x}\right)^2 \tag{4.2}$$

式（4.2）中，HHI 为某一创新要素的集聚度；n 为省份总数；x_i 为某一省份的创新要素；X 为全部创新要素总和。HHI 值为 1~1/n，HHI 值越接近于 1/n，表示创新要素在全国趋于平均分配；趋于 1，则表示创新要素高度集中在最大的几个省份。

（二）数据来源

选取全国 30 个省份相关数据作为样本（除去西藏和港澳台地区），时间上选取 2007 年、2011 年、2014 年和 2017 年 4 年数据。为全面了解创新要素集聚状况，除了选取后续部分作为主要研究对象的规模以上工业企业 R&D 人员全时当量、R&D 经费内部支出、引进技术经费支出、技术改造经费支出，还增加了科学研究和技术服务业新增固定资产（用科学研究、技术服务和地质勘查业新增固定资产投资代替）、技术合同成交总额、专利授权数等指标。所有数据均来源于《中国科技统计年鉴》以及国家统计局网站。

（三）测度结果与分析

1. 集聚率测算

根据式（4.1）相关方法，分别测算各指标的集聚率，具体如表 4.1 所示。

表4.1　投入要素和创新产出集聚率*CR*

单位：%

要素规模	年份	投入要素					创新产出	
		R&D人员	R&D经费	引进技术	技术改造	资产投入	技术合同成交额	专利授权数量
前10%	2007	37.4	40.1	40.2	25.0	31.9	64.6	45.9
	2011	43.1	42.4	43.3	30.5	36.8	60.6	53.1
	2014	43.1	42.4	43.6	31.5	39.1	54.1	47.7
	2017	45.6	43.8	56.4	33.6	38.4	50.0	45.4

续表

要素规模	年份	投入要素					创新产出	
		R&D人员	R&D经费	引进技术	技术改造	资产投入	技术合同成交额	专利授权数量
前20%	2007	54.5	58.2	64.5	44.8	50.6	76.1	67.9
	2011	61.4	60.7	63.0	48.2	54.1	75.4	70.2
	2014	61.1	59.5	67.4	48.2	56.3	73.2	64.3
	2017	62.7	60.8	75.4	53.1	59.4	69.4	61.8
前30%	2007	66.0	68.8	77.4	59.7	64.3	82.9	77.5
	2011	72.0	71.3	76.2	61.6	65.9	84.6	79.8
	2014	71.7	70.2	80.5	60.6	69.8	83.8	75.5
	2017	73.3	72.3	85.0	67.4	72.0	80.8	73.0

数据来源：作者根据中国科技统计年鉴相关数据计算得出。

从集聚率 *CR* 来看，投入要素和创新产出均高度集中在前 30% 的省份。2017 年，除技术改造外，前 30% 的规模较大省份要素占全部要素的比重超过了 70%，技术合同成交额更是超过了 80.8%。2007—2017 年，前 10% 的规模较大省份在 R&D 人员、R&D 资金、引进技术、技术改造、资产投入、技术合同成交额、专利授权数量等集聚率上的增加分别为 8.2、3.7、16.2、8.6、6.5、–14.6、–0.5 个百分点，前 20% 的规模较大省份在上述指标上分别增加 8.2、2.6、10.9、8.3、8.8、–6.7、–6.4 个百分点，前 30% 的规模较大省份在上述指标上分别增加 7.3、3.5、7.6、7.7、7.7、–1.3、–4.5 个百分点。综合来看，各项指标集聚率增幅各异，其中 R&D 人员、引进技术、技术改造三项指标增长率较高，始终保持在 7% 以上，说明上述要素以较高的速度向规模较大省份集聚，这与我国城镇化发展趋势相一致；其次是在资产投入方面，增幅均在 6.5% 以上，说明规模较大省份在研发基础投入上持续发力；在研发经费投入上，增幅比较稳定，基本维持在 3% 左右，说明在创新驱动发展战略背景下，各地都非常重视研发经费的投入。在合同成交额和专利授权量等产出指标上均出现了负增长，2007 年前 10% 的规模较大省份囊括了 64.6% 的技术合同成交额和 45.9% 的专利授权量，但随着各地要素投入的持续发力，产出上高度集中的趋势有所降低。2017 年，前 30% 的规模较大省份占据了 80.8% 的技术合同成交额和 73% 的专利授权数量，一方面说明创新产出的集中程度比创新投入更甚，另一方面说明 30% 的规模较大省份在创新效率方面有更优的表现。

2. 总体聚集度测算

根据式（4.2）相关方法，测算各指标总体集聚度 HHI，如表 4.2 所示。

表4.2　投入要素和创新产出HHI指数

单位：%

年份	投入要素					创新产出	
	R&D人员	R&D经费	引进技术	技术改造	资产投入	技术合同成交额	专利授权数量
2007	0.073	0.076	0.085	0.053	0.062	0.213	0.098
2011	0.087	0.082	0.086	0.061	0.072	0.209	0.115
2014	0.085	0.082	0.094	0.062	0.079	0.181	0.094
2017	0.091	0.085	0.139	0.067	0.078	0.152	0.090

数据来源：作者根据中国科技统计年鉴相关数据计算得出。

根据 HHI 指数的计算原理，当 HHI 值接近 1/n 即 1/30（0.033）时说明创新要素分配比较均衡。表 4.2 所示结果，最大值为 0.213（2007 年技术合同成交额 HHI 指数），最小值为 0.053（2007 年技术改造 HHI 指数），可见所有 HHI 指数均与 0.033 有较大差距，反映出各指标在各省份间分布极不均衡。2007—2017 年，R&D 人员、R&D 经费、引进技术、技术改造、资产投入五项投入要素的 HHI 指数均呈现不同程度的增长，说明上述要素分布不均衡程度日渐加深，其中引进技术增长幅度最高，可能是因为引进技术对企业自身的研发实力有一定要求；而技术合同成交额、专利授权数量两个产出指标的 HHI 均不同程度递减，分布不均衡程度有所缓解。综合来看，各指标集聚率 *CR* 和集聚度 HHI 反映的结果基本一致，投入要素方面，尤其是 R&D 人员、引进技术、技术改造等要素进一步向规模较大省份集聚，产出指标方面，技术合同成交量、专利授权量初始集聚程度较高，后期的集聚速度有所递减，但仍没有改变进一步向规模较大省份集聚的态势。创新要素的进一步集聚，为我国规模较大省份制造业率先高质量发展提供了保障。

二、行业视角下创新要素集聚的测度与分析

（一）最新制造业大类分类情况

根据中华人民共和国国家质量监督检验检疫总局和中国国家标准化管理委员会 2017 年 6 月发布的最新版《国民经济行业分类》（GB/T 4754—2017），我国制

造业门类包括代码 13 ~ 43 共 31 个大类，具体如表 4.3 所示，其中，第 42 类“废弃资源综合利用业”由于数据缺失，在后续分析中未予考虑。

表4.3　我国制造业门类大类代码及名称

代码	名称	代码	名称
13	农副食品加工业	29	橡胶和塑料制品业
14	食品制造业	30	非金属矿物制品业
15	酒、饮料和精制茶制造业	31	黑色金属冶炼和压延加工业
16	烟草制品业	32	有色金属冶炼和压延加工业
17	纺织业	33	金属制品业
18	纺织服装、服饰业	34	通用设备制造业
19	皮革、毛皮、羽毛及其制品和制鞋业	35	专用设备制造业
20	木材加工和木、竹、藤、棕、草制品业	36	汽车制造业
21	家具制造业	37	铁路、船舶、航空航天和其他运输设备制造业
22	造纸和纸制品业	38	电气机械和器材制造业
23	印刷和记录媒介复制业	39	计算机、通信和其他电子设备制造业
24	文教、工美、体育和娱乐用品制造业	40	仪器仪表制造业
25	石油、煤炭及其他燃料加工业	41	其他制造业
26	化学原料和化学制品制造业	42	废弃资源综合利用业
27	医药制造业	43	金属制品、机械和设备修理业
28	化学纤维制造业		

（二）制造业分行业创新要素集聚情况分析

如表 4.4 所示 2019 年我国制造业主要行业创新要素投入及创新产出情况，从创新投入指标来看，知识和资本密集型行业中研发人员和研发经费投入远大于劳动密集型行业。知识密集型行业中，研发投入排名前三的是计算机、通信和其他电子设备制造业，电气机械和器材制造业，汽车制造业，人员和经费投入分别为 54.38 万人 / 年、32.77 万人 / 年、25.06 万人 / 年和 2448.09 亿元、1406.17 亿元、1289.61 亿元。上述三个行业研发人员和经费投入在制造业门类总投入中的占比为 36.85% 和 38.07%。资本密集型行业中，排名靠前的是化学原料和化学制品制造业、黑色金属冶炼和压延加工业，研发人员和经费投入分别为 16.47 万人 / 年、8.57 万人 / 年以及 923.4 亿元、886.3 亿元。劳动密集型行业中，排名靠前的是纺织业和农副食品加工业，其研发人员和经费投入分别为 9.14 万人 / 年、5.23 万人 / 年以及 265.87 亿元、261.98 亿元。技术改造经费投入排名前三的行业为黑色金属冶炼和压延加工业，汽车制造业，计算机、通信和其他电子设备制造业，分别为713.7亿元、691.97亿元、342.79亿元，与研发人员和经费投入情况趋于一致。从创新产出指标来看，无论是专利申请还是新产品销售收入，知识和资本密集型行业都位居前列。其中，专利申请量排名前三的是计算机、通信和其他电子设备制造业，电气机械和器材制造业，通用设备制造业，专利申请量分别为204836件、157224件、95039件，三者之和占制造业大类专利申请总量的44.95%。新产品销售收入排名前三的是计算机、通信和其他电子设备制造业，汽车制造业，电气机械和器材制造业，其销售收入分别为44150.95亿元、27872.05亿元、24304.01亿元，三者之和占制造业大类新产品销售收入总和的46.04%。新产品出口收入占比排名前三的是计算机、通信和其他电子设备制造业（41.21%），文教、工美、体育和娱乐用品制造业（37.65%），家具制造业（31.18%），以上三个产业中计算机、通信和其他电子设备制造业以进口中间产品并进行加工组装后出口为主，说明我国制造业产品依然以低附加值的劳动密集型产品为主。劳动密集型行业中，仪器仪表制造、金属制品业和纺织业等产出指标比较靠前。综合来看，我国制造业各行业创新投入及产出的差异较大，少数知识和资本密集型行业占据了创新投入和产出的绝大多数，创新要素在少数行业高度集聚的态势比较明显。目前，我国制造业技术和经济产出能力有待提高。

表4.4　2019年我国制造业主要行业创新要素投入及创新产出情况

单位：亿元，万人／年，件

代码	创新投入			创新产出			
	研发人员全时当量（亿元）	研发经费内部支出（亿元）	技术改造经费支出（亿元）	专利申请数	发明专利申请数	新产品销售收入	新产品出口占比
13	5.23	261.98	29.64	11441	3710	3203.00	5.84%
14	4.02	156.21	38.42	9989	3647	1807.26	9.32%
15	2.21	107.56	35.53	4834	1345	1372.74	3.12%
16	0.43	30.39	83.03	4940	1887	908.59	1.85%
17	9.14	265.87	36.63	16410	4480	3749.03	21.95%
18	4.24	105.63	9.12	6814	1536	1674.94	26.90%
19	3.21	80.35	2.98	5239	962	1109.19	26.82%

续表

代码	创新投入			创新产出			
	研发人员全时当量（亿元）	研发经费内部支出（亿元）	技术改造经费支出（亿元）	专利申请数	发明专利申请数	新产品销售收入	新产品出口占比
20	1.70	63.15	4.41	4388	1144	679.86	16.11%
21	3.00	73.60	8.48	11928	1738	1276.87	31.18%
22	3.30	157.67	28.58	8002	1880	2951.25	6.26%
23	2.67	79.58	28.11	7392	1780	1210.38	13.24%
24	4.55	118.22	12.04	15983	2611	1617.43	37.65%
25	1.54	184.70	188.31	3277	1187	3187.97	9.39%
26	16.47	923.40	217.69	43817	19338	11838.54	9.61%
27	12.27	609.56	101.83	23400	11883	6673.46	8.30%
28	2.16	123.69	21.97	3290	1095	2841.22	8.57%
29	10.79	357.61	72.62	34308	8857	5526.46	19.33%
30	12.23	520.09	94.38	35527	10147	6174.05	9.30%
31	8.57	886.30	713.70	17474	6912	10563.60	7.39%
32	6.87	479.81	127.41	15599	5239	7951.96	6.19%
33	13.42	466.38	73.16	46181	11308	6278.47	16.71%
34	24.09	822.88	105.68	95039	28030	11711.26	14.48%
35	21.28	776.72	71.41	94361	31043	8960.01	13.24%
36	25.06	1289.61	691.97	70247	19955	27872.05	4.58%
37	9.33	429.09	96.41	28547	12718	6559.51	20.66%
38	32.77	1406.17	173.18	157224	51867	24304.01	21.30%
39	54.38	2448.09	342.79	204836	120512	44150.95	41.21%
40	7.71	229.07	15.98	30626	11051	2399.34	15.41%
41	1.32	39.81	9.77	4400	1511	354.05	22.24%
43	0.54	17.06	1.93	1325	454	325.19	30.27%

数据来源：作者根据《中国科技统计年鉴 2020》相关数据整理得出。

（三）制造业分行业创新效率评价

1. 模型构建及变量选取

（1）模型构建。现有文献在创新活动的阶段划分上存在三阶段、四阶段或五阶段等多种分法，但始终是以研发为起点、以商业化为终点的基本演进逻辑。本书将创新活动分为基础研究、技术开发、成果转化和生产销售4个环节，有研究显示，技术开发和成果转化两个阶段是最核心的环节，也是最有可能形成断链的两个环节。因此，本研究参考刘和东和陈程（2011）的相关方法对我国制造业分行业技术开发（技术产出）和成果转化（经济产出）两个阶段的创新效率进行测度。通过对两阶段创新效率的比较，可以对我国制造业创新要素集聚效果有一个初步判定。测评模型如图4.1所示。

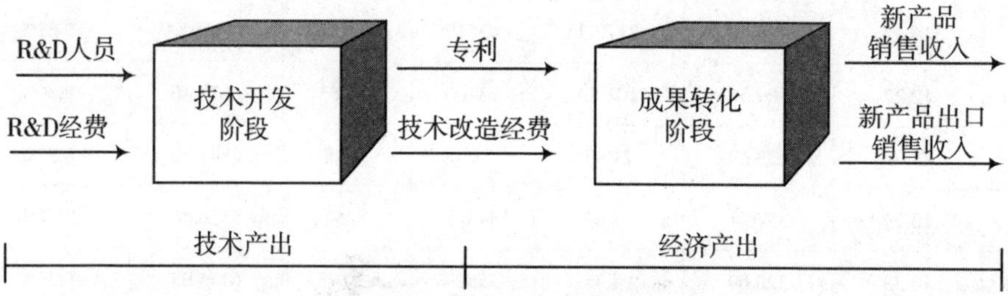

图4.1　制造业分行业两阶段效率评价模型

（2）指标选取。技术开发阶段：人员和资本是创新投入中最重要的两个方面，创新效率评价中，通常选取“研发（R&D）人员全时当量”和“R&D经费内部支出”来衡量。创新活动的技术产出通常表现为“专利申请数”和“专利授权数”，其中，专利申请数能够较全面地反映发明和创新信息，在开发新产品、技术改造等方面有重要作用（张振扬，2020），故本部分采用“专利申请数”和“发明专利申请数”来衡量技术开发阶段的技术产出（徐俐颖等，2020）。成果转化阶段，在投入要素方面，选取“有效发明专利数”和“技术改造经费”作为投入指标。在用新产品销售收入反映科技创新绩效的相关研究中发现有效发明专利数是重要的影响因素（朱林和朱学义，2021）。因此有效发明专利数作为成果转化阶段的投入指标在理论和实践上均具有合理性。技术改造经费是报告期企业进行技术改造而发生的费用支出，是促进企业成果转化的重要指标。在创新产出方面，选用“新产品销售收入”和“新产品出口销售收入”，作为成果转化阶段的产出指标（刘和东，陈程，2011）。新产品销售收入能直观体现产业的创新成果，新产品出口销售收入能够体现产品的国际竞争力。具体投入产出指标如表4.5所示。

表4.5　创新效率投入产出指标

技术开发阶段		成果转化阶段	
投入指标	R&D人员全时当量	投入指标	有效发明专利数
	R&D经费内部支出		技术改造经费
产出指标	专利申请数	产出指标	新产品销售收入
	发明专利申请数		新产品出口销售收入

（3）数据说明。选取2012—2019年我国规模以上制造业企业研发数据作为样本。在投入产出滞后性问题的处理上，借鉴俞立平（2015）的研究成果确定产出滞后期为1年，选取2012—2018年的投入指标数据与2013—2019年的产出指标数据进行效率测度。数据来源于历年《中国科技统计年鉴》。

2. 结果及分析

根据制造业规模以上企业2012—2019年创新投入数据，应用DEA（Data Envelopment Analysis，数据包络分析）测算技术产出和经济产出两个阶段的技术效率值，如表4.6所示。

表4.6　技术产出和经济产出两阶段技术效率值

序号	行业	技术开发效率	成果转化效率	序号	行业	技术开发效率	成果转化效率
1	农副食品加工业	0.34	0.53	9	家具制造业	0.94	0.85
2	食品制造业	0.41	0.30	10	造纸和纸制品业	0.28	0.72
3	酒、饮料和精制茶制造业	0.26	0.41	11	印刷和记录媒介复制业	0.57	0.44
4	烟草制品业	1.00	0.61	12	文教、工美、体育和娱乐用品制造业	0.78	0.62
5	纺织业	0.35	0.88	13	石油加工、炼焦和核燃料加工业	0.23	0.92
6	纺织服装、服饰业	0.37	0.96	14	化学原料和化学制品制造业	0.40	0.33
7	皮革、毛皮、羽毛及其制品和制鞋业	0.40	0.93	15	医药制造业	0.45	0.31
8	木材加工和木、竹、藤、棕、草制品业	0.46	0.39				

续表

序号	行业	技术开发效率	成果转化效率	序号	行业	技术开发效率	成果转化效率
16	化学纤维制造业	0.22	0.91	24	汽车制造业	0.32	0.83
17	橡胶和塑料制品业	0.48	0.42	25	铁路、船舶、航空航天和其他运输设备制造业	0.37	0.44
18	非金属矿物制品业	0.45	0.31	26	电气机械和器材制造业	0.67	0.52
19	黑色金属冶炼和压延加工业	0.21	0.65	27	计算机、通信和其他电子设备制造业	0.76	0.90
20	有色金属冶炼和压延加工业	0.24	0.59	28	仪器仪表制造业	0.75	0.41
21	金属制品业	0.52	0.44	29	其他制造业	0.67	0.30
22	通用设备制造业	0.56	0.39	30	金属制品、机械和设备修理业	0.48	0.73
23	专用设备制造业	0.67	0.39				

数据来源：作者计算整理得出。

由表4.6相关数据测算可知，成果转化阶段平均效率值为0.58，大于技术开发阶段的平均效率值0.49，但并不能得出我国制造业成果转化效率优于技术开发效率的结论。分析发现，技术开发效率排在前五的分别为烟草制品业，家具制造业，文教、工美、体育和娱乐用品制造业，计算机、通信和其他电子设备制造业，仪器仪表制造业，以上5个行业中除计算机、通信和其他电子设备制造业投入产出均较高外，其他四个行业均属于劳动密集型行业，创新投入和产出均比较低而创新效率值较高。成果转化效率排在前五的分别为纺织服装、服饰业，皮革、毛皮、羽毛及其制品和制鞋业，石油加工、炼焦和核燃料加工业，化学纤维制造业，计算机、通信和其他电子设备制造业，与技术开发阶段类似，除计算机、通信和其他电子设备制造业投入产出均较高外，其他四个行业有效发明专利数、技术改造经费以及新产品销售收入均比较低，但低投入与低产出比较后却呈现出创新效率较高的情况。

综合表4.6相关数据，借鉴刘和东和陈程（2011）研究我国原创性高新技术产业技术效率的相关方法，得出各个产业创新效率中技术开发阶段和成果转化阶段的二维分布图，如图4.2所示。

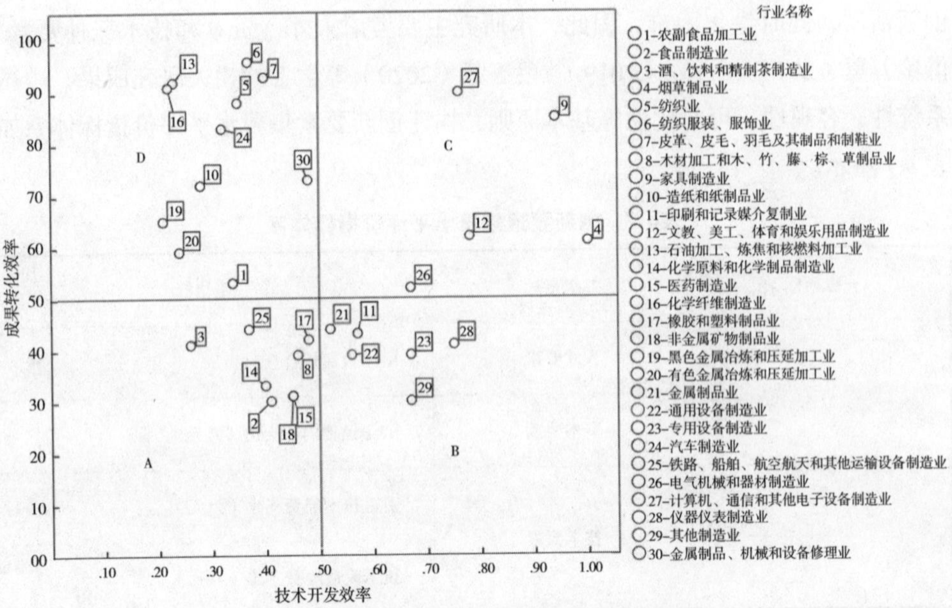

图4.2　制造业分行业两阶段创新效率矩阵

由图 4.2 可见：位于 A 区域（技术开发率和成果转化率均偏低）的有 8 个行业，占比 26.7%；位于 B 区域（高技术开发率、低成果转化率）的有 6 个行业，占比 20%；位于 C 区域（高技术开发率、高成果转化率）的有 5 个行业，占比为 16.7%；位于 D 区域（低技术开发率、高成果转化率）的有 11 个行业，占比 36.7%。可见，我国制造业各行业在技术开发效率和成果转化效率上不够均衡，多数行业集中在 A、D 两个区域。居于最优的 C 区域的 5 个行业中：烟草制品业属于垄断性行业；家具制造业，文教、工美、体育和娱乐用品制造业属于劳动密集型行业；电气机械和器材制造业，计算机、通信和其他电子设备制造业以进口零部件组装再转外销为主。综合来看，我国制造业创新效率上存在高投入低效率、低投入高效率的“倒挂现象”，分析原因可能是技术和资本密集型制造业正处于投入期所以产出效率较低，而劳动密集型行业尚处于数量增长阶段，对创新投入和产出的关注度均不高，这一状况不利于我国制造业整体的高质量发展。

三、区域视角下创新要素集聚的测度与分析

（一）指标选择

创新要素是为支持创新活动进而产生创新成果的所有资源要素的总称，具体包括人才、资本、技术、制度、政策等。创新要素集聚水平评价是一个系统工程，

评价结果直接影响后续的实证研究结论。鉴于制度、政策等要素并不直接作用于创新活动，同时量化困难，因此，本研究主要考虑人才、资本和技术三种要素。借鉴万勇（2014）、肖婷（2019）、蔡玉蓉（2020）等学者的相关研究成果，遵循系统性、客观性、可对比性等基本原则，构建创新要素集聚水平评价指标体系如表 4.7 所示。

表4.7 创新要素集聚水平评价指标体系

一级指标	二级指标	三级指标
创新要素集聚水平	人才要素	R&D人员折合全时当量（人年）
	资本要素	R&D经费内部支出（万元）
	技术要素	引进技术经费支出（万元）
		技术改造经费支出（万元）

人才是创新活动中最核心也是流动性最大的要素之一，人才要素涵盖直接或间接从事科学研究活动的人员，主要用 R&D 人员和 R&D 人员全时当量来衡量。根据《中国科技统计年鉴》关于该项指标的相关解释[1]，R&D 人员反映投入从事拥有自主知识产权的研究开发活动的人力规模，R&D 人员全时当量是全时人员数加非全时人员按工作量折算为全时人员数的综合，为国际上比较科技人力投入而制定的可比指标。本研究选取 R&D 人员全时当量作为人才要素的衡量指标。

资本要素的集聚不仅体现着创新资金的投入水平和融资水平，更体现了一个地区对创新的重视支持力度。同样根据《中国科技统计年鉴》关于该项指标的相关解释[2]，R&D 经费内部支出不包括生产性活动支出、归还贷款支出以及与外单位合作或委托单位进行 R&D 活动而转拨给对方的经费支出。本研究主要选取 R&D 经费内部支出作为资本要素的衡量指标。

技术要素是创新竞争力的决定性因素，分别衡量技术从获得到应用所需消耗的费用。与人才要素和资本要素侧重于内部的自主创新不同，技术要素是制造业企业通过引进技术、消化吸收到模仿创新进而实现自主创新的基础。本研究选取

[1] R&D 人员指参与研究与试验发展项目研究、管理和辅助工作的人员，包括项目（课题）组人员，企业科技行政管理人员和直接为项目（课题活动）提供服务的辅助人员。

[2] R&D 经费内部支出指调查单位用于内部开展 R&D 活动（基础研究、应用研究和试验发展）的实际支出，包括用于 R&D 项目（课题）活动的直接支出，以及间接用于 R&D 活动的管理费、服务费、与 R&D 有关的基本建设支出以及外协加工费等。

引进技术经费支出、技术改造经费支出两项指标来衡量技术要素的投入情况，该指标区别于资本要素投入且并未包含在R&D经费内部支出之内。引进技术经费主要指企业在报告年度用于购买国外或港澳台技术的费用支出，包括产品设计、工艺流程、图纸、配方、专利等技术资料的费用支出。根据国务院《关于促进企业技术改造的指导意见》（国发〔2012〕44号）规定，技术改造是企业采用新技术、新工艺、新设备、新材料对现有设备、工艺条件及生产服务等进行改造提升，淘汰落后产能，实现内涵式发展的投资活动。技术改造经费是企业进行技术改造而发生的费用支出。消化吸收经费支出、购买境内技术经费支出两项技术投入指标并未考虑在内，主要基于以下考虑：一是上述两项指标在总的技术要素支出中的占比较少；二是因为两项指标在统计上口径不一、多个年份多个省份数据缺失；三是技术消化吸收是在引进技术的基础上进行的，两者具有较强的关联性。

（二）测度方法

创新要素集聚水平测度较多运用区位熵（Location Quotient，LQ）（肖婷，2019；蔡玉蓉，2020）。区位熵又名专门化率，其中“熵”即比率的比率（王耀德和易魁，2015）。该分析法最早由美国经济学家哈盖特（P. Haggett）提出并用于衡量某一地区的相对集中度以及某产业在某一特定研究区域专业化水平（赫格特，1977）。区位熵的计算公式为：

$$LQ_{ij}=\frac{q_{ij}/q_j}{q_i/q} \tag{4.3}$$

其中，LQ_{ij} 表示 j 地区 i 产业在全国的区位熵，q_{ij} 为 j 地区的 i 产业的相关指标，q_j 为 j 地区所有产业相关指标，q_i 为全国范围内 i 产业相关指标，q 为全国所有产业相关指标。本研究具体测算中，包括人才要素区位熵、资本要素区位熵和技术要素区位熵三个指标。区位熵值大小代表创新要素集聚水平的高低：区位熵大于1表明创新要素集聚程度高于全国同类要素的平均水平；区位熵等于1表明创新要素集聚程度与全国同类要素的平均水平持平；区位熵小于1表明创新要素集聚程度低于全国同类要素的平均水平。

1. 人才要素区位熵

将区位熵计算公式 $LQ_{ij}=\frac{q_{ij}/q_j}{q_i/q}$ 中相关指标赋予特定值，LQ_{ij} 表示 j 省人才要素集聚水平，这里用 LAC_j 表示，q_{ij} 为 j 省的R&D人员全时当量，q_j 为 j 省就业人员总数（用j省城镇单位就业人员总数代表），q_i 为全国范围内R&D人员全时当量，q 为全国就业总人数（用全国城镇单位就业人员总数代表）。

得出j省人才要素集聚水平测算公式为：

$$LAC_j=\frac{j\text{省的R\&D人员全时当量}/j\text{省城镇单位就业人员总数}}{\text{全国范围内R\&D人员全时当量}/\text{全国城镇单位就业人员总数}}$$

$$=\frac{j\text{省的R\&D人员全时当量}}{\text{全国范围内R\&D人员全时当量}}\times\frac{\text{全国城镇单位就业人员总数}}{j\text{省城镇单位就业人员总数}} \tag{4.4}$$

（2）资本要素区位熵。将区位熵计算公式$LQ_{ij}=\frac{q_{ij}/q_j}{q_i/q}$中相关指标赋予特定值，$LQ_{ij}$表示$j$省资本要素集聚水平，这里用$KAC_j$表示，$q_{ij}$为$j$省的R&D经费内部支出，$q_j$代表$j$省地区生产总值，$q_i$为全国范围内R&D经费内部支出，$q$代表国内生产总值GDP。得$j$省资本要素集聚水平测算公式为：

$$KAC_j=\frac{j\text{省的 R\&D 经费内部支出}/j\text{省地区生产总值}}{\text{全国范围内 R\&D 经费内部支出}/\text{国内生产总值 GDP}}$$

$$=\frac{j\text{省的 R\&D 经费内部支出}}{\text{全国范围内 R\&D 经费内部支出}}\times\frac{\text{国内生产总值 GDP}}{j\text{省地区生产总值}} \tag{4.5}$$

（3）技术要素区位熵。将区位熵计算公式$LQ_{ij}=\frac{q_{ij}/q_j}{q_i/q}$中相关指标赋予特定值，$LQ_{ij}$表示$j$省技术要素集聚水平，这里用$TAC_j$表示，$q_{ij}$为$j$省的技术要素支出，$q_j$代表$j$省地区生产总值，$q_i$为全国范围内技术要素支出，$q$代表国内生产总值GDP。得$j$省技术要素集聚水平测算公式为：

$$TAC_j=\frac{j\text{省的技术要素支出}/j\text{省地区生产总值}}{\text{全国范围内技术要素支出}/\text{国内生产总值 GDP}}$$

$$=\frac{j\text{省的技术要素支出}}{\text{全国范围内技术要素支出}}\times\frac{\text{国内生产总值 GDP}}{j\text{省地区生产总值}} \tag{4.6}$$

（三）创新要素集聚测度结果分析

1. 人才要素集聚特征事实

根据公式4.4，测算2008—2019年全国30个省份（除去西藏和港澳台地区）人才要素集聚状况，数据来源于《中国科技统计年鉴》和国家统计局网站。计算结果如表4.8所列。

表4.8　2008—2019年全国各省人才要素集聚水平

地区＼年份	2008	2009	2010	2011	2012	2013	2014	2015	2016	2017	2018	2019
北京	0.750	0.582	0.430	0.539	0.505	0.567	0.528	0.446	0.425	0.417	0.331	0.304
天津	1.398	1.294	1.302	1.323	1.421	1.634	1.847	1.954	1.802	1.382	1.184	0.921

续表

年份/地区	2008	2009	2010	2011	2012	2013	2014	2015	2016	2017	2018	2019
河北	0.538	0.628	0.692	0.688	0.612	0.722	0.791	0.844	0.854	0.951	0.724	0.718
山西	0.829	0.736	0.723	0.588	0.490	0.532	0.547	0.449	0.450	0.477	0.369	0.338
内蒙古	0.475	0.435	0.548	0.499	0.538	0.644	0.620	0.669	0.676	0.533	0.335	0.290
辽宁	0.883	0.820	0.816	0.608	0.589	0.622	0.658	0.543	0.578	0.613	0.612	0.566
吉林	0.358	0.480	0.690	0.478	0.578	0.508	0.504	0.488	0.479	0.441	0.230	0.232
黑龙江	0.589	0.512	0.671	0.631	0.521	0.578	0.575	0.501	0.499	0.375	0.193	0.234
上海	1.150	1.519	1.388	1.181	1.004	1.079	0.999	1.019	1.034	0.906	0.794	0.612
江苏	2.179	2.678	2.505	2.629	2.790	1.899	1.823	1.943	1.986	1.975	1.787	2.072
浙江	1.686	1.607	1.259	1.520	1.447	1.782	1.819	1.997	1.996	2.036	2.247	2.485
安徽	0.947	0.908	0.871	1.015	1.137	1.199	1.262	1.287	1.265	1.292	1.041	1.164
福建	0.901	0.850	0.826	0.940	0.958	1.128	1.170	1.022	1.006	1.010	0.989	1.071
江西	0.600	0.598	0.594	0.516	0.419	0.481	0.428	0.445	0.650	0.626	0.894	1.022
山东	1.362	1.222	1.193	1.278	1.247	1.277	1.259	1.334	1.309	1.290	1.210	1.004
河南	0.727	0.823	0.860	0.830	0.790	0.843	0.836	0.795	0.763	0.705	0.765	0.788
湖北	0.890	0.898	0.891	0.903	0.873	0.893	0.894	0.833	0.881	0.873	0.929	0.962
湖南	0.707	0.686	0.662	0.774	0.833	0.887	0.894	0.989	1.001	1.072	1.087	0.973
广东	1.939	1.883	2.202	2.075	2.205	1.571	1.487	1.442	1.424	1.499	1.802	1.690
广西	0.316	0.347	0.357	0.438	0.394	0.372	0.392	0.320	0.318	0.261	0.257	0.297
海南	0.071	0.115	0.101	0.138	0.208	0.211	0.237	0.226	0.175	0.126	0.114	0.095
重庆	0.949	0.812	0.773	0.609	0.605	0.660	0.730	0.742	0.755	0.893	0.915	0.906
四川	0.811	0.682	0.577	0.445	0.534	0.498	0.531	0.488	0.503	0.585	0.576	0.539
贵州	0.288	0.287	0.366	0.295	0.305	0.392	0.355	0.331	0.334	0.384	0.375	0.392
云南	0.267	0.189	0.224	0.219	0.212	0.200	0.214	0.270	0.270	0.326	0.325	0.435
陕西	0.764	0.638	0.725	0.581	0.605	0.657	0.679	0.602	0.584	0.563	0.461	0.466
甘肃	0.516	0.461	0.425	0.347	0.367	0.352	0.375	0.328	0.318	0.251	0.188	0.183
青海	0.167	0.266	0.333	0.224	0.222	0.230	0.226	0.140	0.182	0.183	0.107	0.193
宁夏	0.578	0.533	0.379	0.483	0.422	0.484	0.547	0.511	0.529	0.579	0.600	0.626
新疆	0.179	0.175	0.223	0.179	0.145	0.156	0.146	0.155	0.150	0.119	0.110	0.080

数据来源：作者根据相关数据计算整理得出。

由表 4.8 可知，2008 年，集聚水平较高的省份主要集中在东部沿海地区，包括江苏（2.179）、广东（1.939）、浙江（1.686）、天津（1.398）、山东（1.362）、上海（1.150），内蒙古、吉林、广西、贵州、云南、新疆、青海、海南等省份居于较低水平，集聚度在 0.5 以下。2019 年，浙江（2.485）、江苏（2.072）、广东（1.690）、安徽（1.164）、福建（1.071）、江西（1.022）、山东（1.004）等地的人才要素集聚水平较高；陕西、云南、贵州、山西、北京、广西、内蒙古、黑龙江、吉林、青海、甘肃、海南、新疆等地人才要素集聚水平在 0.5 以下。江苏、广东、浙江的集聚水平一直居于高位，与上述地区制造业发达、创新要素丰富有关；而北京的人才要素集聚度偏低，似乎与北京在全国的地位不相符，分析原因，可能与北京不断疏解非首都功能有关，因为本书中，研发人员数据选择的是规模以上工业企业 R&D 人员全时当量，虽然北京的城镇就业人员数量庞大，但更多地集聚在非制造领域。

2. 资本创新要素集聚特征事实

根据公式（4.5），测算 2008—2019 年全国 30 个省份（除去西藏和港澳台地区）资本要素集聚状况，数据来源于《中国科技统计年鉴》和国家统计局网站。计算结果如表 4.9 所列。

表4.9　2008—2019年全国各省资本要素集聚水平

地区 \ 年份	2008	2009	2010	2011	2012	2013	2014	2015	2016	2017	2018	2019
北京	0.891	0.816	0.732	0.785	0.781	0.724	0.712	0.681	0.646	0.623	0.583	0.565
天津	2.174	2.008	2.102	2.128	2.131	2.166	2.122	2.242	2.089	1.339	1.333	1.066
河北	0.562	0.564	0.618	0.607	0.647	0.689	0.723	0.749	0.743	0.792	0.828	0.880
山西	0.704	0.782	0.783	0.673	0.690	0.741	0.721	0.590	0.560	0.536	0.579	0.571
内蒙古	0.487	0.509	0.597	0.607	0.618	0.633	0.622	0.634	0.636	0.503	0.451	0.483
辽宁	1.182	1.195	1.420	1.375	1.222	1.245	1.133	0.828	0.813	0.877	0.901	0.876
吉林	0.575	0.561	0.572	0.517	0.525	0.532	0.554	0.595	0.597	0.475	0.360	0.409
黑龙江	0.738	0.804	0.904	0.691	0.620	0.576	0.549	0.521	0.510	0.464	0.332	0.370
上海	1.436	1.391	1.369	1.407	1.313	1.252	1.244	1.220	1.123	1.134	1.085	1.091
江苏	1.617	1.533	1.374	1.509	1.515	1.499	1.485	1.462	1.468	1.477	1.530	1.570
浙江	1.348	1.338	1.025	1.234	1.290	1.316	1.343	1.357	1.357	1.359	1.394	1.432
安徽	0.756	0.773	0.810	0.819	0.858	0.864	0.884	0.935	0.966	1.016	1.030	1.098

续表

年份 地区	2008	2009	2010	2011	2012	2013	2014	2015	2016	2017	2018	2019
福建	0.798	0.853	0.798	0.888	0.889	0.891	0.885	0.895	0.898	0.917	0.956	0.993
江西	0.743	0.707	0.648	0.544	0.545	0.555	0.574	0.608	0.670	0.759	0.830	0.911
山东	1.443	1.431	1.602	1.558	1.588	1.596	1.620	1.616	1.650	1.716	1.499	1.205
河南	0.573	0.644	0.677	0.665	0.648	0.670	0.682	0.688	0.697	0.729	0.746	0.795
湖北	0.790	0.846	0.908	0.865	0.878	0.882	0.899	0.928	0.916	0.871	0.881	0.906
湖南	0.747	0.794	0.753	0.787	0.814	0.824	0.838	0.854	0.873	0.944	1.002	1.044
广东	1.254	1.296	1.407	1.388	1.424	1.421	1.411	1.407	1.398	1.407	1.485	1.505
广西	0.387	0.422	0.433	0.467	0.468	0.471	0.437	0.360	0.352	0.364	0.320	0.345
海南	0.062	0.129	0.094	0.192	0.211	0.216	0.225	0.207	0.134	0.115	0.163	0.142
重庆	0.821	0.786	0.860	0.761	0.761	0.765	0.796	0.861	0.903	0.965	0.976	0.999
四川	0.556	0.533	0.485	0.406	0.448	0.457	0.475	0.510	0.532	0.549	0.562	0.587
贵州	0.434	0.451	0.497	0.401	0.352	0.308	0.313	0.300	0.324	0.330	0.350	0.381
云南	0.228	0.213	0.241	0.257	0.261	0.254	0.257	0.286	0.310	0.331	0.361	0.392
陕西	0.633	0.674	0.744	0.650	0.635	0.633	0.646	0.667	0.663	0.632	0.637	0.655
甘肃	0.584	0.538	0.546	0.438	0.472	0.478	0.498	0.513	0.505	0.440	0.414	0.407
青海	0.292	0.407	0.543	0.490	0.415	0.375	0.350	0.224	0.236	0.234	0.174	0.224
宁夏	0.600	0.567	0.479	0.504	0.508	0.517	0.527	0.538	0.590	0.629	0.742	0.778
新疆	0.312	0.308	0.322	0.280	0.278	0.269	0.270	0.272	0.278	0.248	0.247	0.228

数据来源：作者根据相关数据计算整理得出。

由表 4.9 可知，2008 年，资本要素集聚水平较高的地区包括天津（2.174）、江苏（1.617）、山东（1.443）、上海（1.436）、浙江（1.348）、广东（1.254）、辽宁（1.182），上述省份全部集中在东部地区。内蒙古、贵州、广西、新疆、青海、云南、海南等省份居于较低水平，集聚度在 0.5 以下，全部为西部地区省份。2019 年，江苏（1.570）、广东（1.505）、浙江（1.432）、山东（1.205）、安徽（1.098）、上海（1.091）、天津（1.066）、湖南（1.044）等地的资本要素集聚水平较高。中部的安徽和湖南两省集聚水平增加明显，与两地高度重视科技创新有关，例如：安徽早在 2006 年就与中国科学院开展全面科技合作，并签署了《安徽省人民政府和中国科学院全面科技合作协议书》，同时在地理位置上，安徽与集聚水平较高的江苏、浙江相邻，具有承接要素转移的优势；湖南省在地理位置上与集聚度居于前列的广东省相邻，同时近年来湖南也加快了融入泛珠三角区域的步伐。湖南、安徽两地资本集聚度的变化体现了创新要素集聚的溢出效应。内蒙古、吉林、甘肃、云南、贵州、黑龙江、广西、新疆、青海、海南等地资本要素集聚水平在0.5以下，与2008全部为西部地区省份不同，吉林、黑龙江、内蒙古等东北省份要素集聚度降低明显，与东北区域经济“塌陷”的事实相一致。

3. 技术要素集聚特征事实

根据公式（4.6），测算2008—2019年全国30个省份（除去西藏和港澳台地区）引进技术和技术改造两种技术要素的集聚状况，数据来源于《中国科技统计年鉴》和国家统计局网站。计算结果如表4.10、表4.11所列。

表4.10 2008—2019年全国各省引进技术集聚水平

年份/地区	2008	2009	2010	2011	2012	2013	2014	2015	2016	2017	2018	2019	均值
北京	0.446	0.838	1.423	1.535	1.778	2.715	2.840	2.129	1.870	1.849	1.380	1.104	1.659
天津	5.714	2.994	3.659	2.036	1.762	1.374	1.204	1.335	0.827	1.047	0.888	0.571	1.951
河北	0.622	0.511	0.792	0.418	0.565	0.237	0.279	0.279	0.118	0.606	0.214	0.144	0.399
山西	0.857	0.655	0.855	0.480	0.717	0.669	0.463	0.828	0.618	0.525	0.400	0.241	0.609
内蒙古	0.183	0.297	0.402	2.888	0.258	2.335	2.105	1.384	0.855	0.409	0.374	0.452	0.995
辽宁	1.329	1.810	0.493	0.620	0.417	0.449	0.621	0.486	0.218	0.731	0.625	0.759	0.713
吉林	0.781	0.681	0.195	0.743	0.354	0.131	0.148	4.709	0.777	0.995	0.078	4.456	1.171
黑龙江	0.378	0.802	0.774	0.501	0.527	0.252	0.280	0.387	0.123	0.254	0.087	0.115	0.373
上海	3.271	3.205	3.657	3.566	3.768	4.672	4.412	3.297	7.120	6.091	7.892	7.700	4.888
江苏	0.928	0.782	0.934	1.616	1.473	1.340	1.171	0.893	0.678	0.712	0.631	0.431	0.966
浙江	0.730	0.775	0.835	0.581	0.585	0.448	0.520	0.491	0.311	0.301	0.320	0.310	0.517
安徽	0.748	0.535	0.362	0.778	0.799	0.696	0.532	0.308	0.195	0.200	0.107	0.134	0.450
福建	0.684	1.212	1.667	2.051	1.832	1.538	1.399	0.964	0.734	1.226	0.717	0.434	1.205
江西	0.957	0.642	0.840	0.240	0.238	0.228	0.408	0.612	0.418	0.503	0.160	0.225	0.456
山东	1.102	1.366	0.790	0.837	0.887	0.759	0.714	0.567	0.469	0.432	0.348	0.376	0.721
河南	0.142	0.208	0.288	0.335	0.281	0.354	0.257	0.177	0.034	0.088	0.023	0.050	0.186
湖北	0.577	0.724	1.258	0.459	0.976	0.789	0.868	0.956	0.675	0.906	0.458	0.218	0.739
湖南	0.251	0.383	0.410	0.231	0.141	0.191	0.155	0.211	0.188	0.340	0.464	0.627	0.299
广东	1.339	1.514	1.299	1.169	1.376	1.331	1.391	2.053	2.525	2.145	3.086	2.714	1.829
广西	0.115	0.036	0.049	0.162	0.032	0.044	0.152	0.068	0.041	0.094	0.063	0.065	0.077
海南	0.385	0.095	0.063	0.022	0.195	0.066	0.018	0.160	0.100	0.130	0.121	0.125	0.123

续表

年份 地区	2008	2009	2010	2011	2012	2013	2014	2015	2016	2017	2018	2019	均值
重庆	1.596	1.850	1.884	1.953	2.190	2.992	3.603	3.950	3.288	3.573	1.470	0.862	2.434
四川	0.367	0.452	0.470	0.237	1.131	0.194	0.183	0.185	0.158	0.195	0.229	0.282	0.340
贵州	0.266	0.052	0.320	0.096	0.050	0.035	0.238	0.109	0.014	0.044	0.004	0.015	0.104
云南	0.474	0.552	0.760	0.356	0.379	0.166	0.245	0.055	0.149	0.141	0.293	0.737	0.359
陕西	0.439	0.463	0.378	0.684	0.134	0.210	0.361	0.228	0.204	0.292	0.088	0.121	0.300
甘肃	1.060	1.455	1.628	1.210	1.114	0.997	0.708	0.573	0.030	0.024	0.005	0.024	0.736
青海	0.007	0.027	0.690	0.039	0.287	0.039	0.210	0.212	0.124	0.137	0.096	0.061	0.161
宁夏	2.747	1.743	0.947	1.083	0.676	0.206	2.624	1.354	0.049	0.148	0.039	0.901	1.043
新疆	0.237	0.286	0.012	0.104	0.071	0.471	0.048	0.098	0.144	0.043	0.109	0.017	0.137

数据来源：作者根据相关数据计算整理得出。

表4.11 2008-2019年全国各省技术改造集聚水平

年份 地区	2008	2009	2010	2011	2012	2013	2014	2015	2016	2017	2018	2019	均值
北京	0.328	0.624	0.780	0.640	0.483	0.391	0.372	0.374	0.530	0.601	0.580	0.242	0.495
天津	1.547	1.568	1.433	1.200	1.287	1.032	0.700	0.644	0.599	0.782	0.975	0.609	1.031
河北	1.146	0.977	1.076	1.020	0.963	0.911	1.045	1.030	0.925	1.103	0.992	0.786	0.998
山西	1.883	1.371	1.513	1.349	1.793	1.680	1.400	1.373	0.947	0.975	0.841	1.000	1.344
内蒙古	0.999	1.242	1.676	1.196	0.888	0.733	0.732	0.699	0.418	0.446	0.410	0.332	0.814
辽宁	1.485	1.503	1.709	1.611	1.120	1.201	1.593	1.429	1.374	1.291	1.770	1.068	1.430
吉林	0.908	0.947	0.435	0.879	0.899	0.764	0.752	0.629	0.988	0.645	0.637	0.714	0.766
黑龙江	0.825	0.676	1.011	0.861	0.781	0.649	0.619	0.569	0.494	0.481	0.681	0.638	0.690
上海	0.674	0.708	0.783	0.791	0.794	0.774	1.026	0.999	1.177	1.314	1.451	1.353	0.987
江苏	1.151	1.248	1.331	1.575	1.742	1.587	1.586	1.566	1.677	1.464	1.218	0.947	1.424
浙江	1.252	1.160	0.942	0.923	0.933	1.012	1.184	1.182	1.009	0.948	1.105	0.853	1.042
安徽	1.671	0.989	0.715	1.411	1.182	1.117	1.099	1.323	1.352	1.402	1.576	1.389	1.269
福建	0.348	0.588	0.559	0.699	0.735	0.834	0.807	0.872	1.615	1.534	1.193	0.756	0.878
江西	0.997	0.525	0.553	0.649	0.547	0.822	1.037	0.839	0.792	0.712	0.858	0.771	0.759
山东	0.839	0.787	1.011	0.911	0.967	1.048	1.058	1.101	1.018	1.095	1.000	0.861	0.975
河南	0.628	0.800	0.685	0.715	0.615	0.688	0.621	0.623	0.675	0.629	0.645	0.518	0.654
湖北	2.267	1.684	0.931	0.578	0.580	0.552	0.591	0.642	0.411	0.525	0.589	0.628	0.832

续表

地区\年份	2008	2009	2010	2011	2012	2013	2014	2015	2016	2017	2018	2019	均值
湖南	1.256	1.510	2.032	1.968	2.206	2.464	1.756	2.065	1.848	1.805	1.135	1.003	1.754
广东	0.344	0.382	0.448	0.390	0.510	0.600	0.449	0.507	0.620	0.917	1.279	1.371	0.651
广西	1.441	2.035	1.319	1.453	1.776	1.442	1.067	1.362	1.226	1.188	0.913	2.159	1.448
海南	0.169	0.040	0.089	0.066	0.195	0.750	0.068	0.106	0.130	0.148	0.075	0.082	0.160
重庆	0.872	0.901	0.778	0.757	0.890	1.139	0.867	0.865	0.974	0.838	0.522	0.803	0.851
四川	1.462	1.776	1.627	1.480	0.973	0.923	0.974	0.696	0.611	0.602	0.658	0.628	1.034
贵州	1.488	1.922	1.369	1.644	2.352	1.789	1.914	1.712	1.502	0.908	0.877	0.755	1.519
云南	0.533	0.327	0.665	0.739	0.475	0.465	0.487	0.512	0.437	0.512	0.545	0.790	0.541
陕西	0.955	1.036	0.956	0.752	0.616	0.531	0.527	0.700	0.751	0.569	0.577	0.495	0.705
甘肃	1.235	1.301	1.073	0.996	1.958	2.084	2.094	1.919	1.714	1.371	1.457	1.560	1.564
青海	0.303	0.407	0.405	0.351	0.158	0.128	0.244	0.967	0.585	0.624	0.326	0.625	0.427
宁夏	2.473	1.913	1.960	1.996	0.819	1.469	4.167	2.188	2.075	2.665	3.597	2.917	2.353
新疆	0.615	0.262	0.337	0.454	0.230	0.158	0.385	0.959	0.577	0.311	0.541	0.436	0.439

数据来源：作者根据相关数据计算整理得出。

由表 4.10 可知，与人才和资本要素不同，引进技术区位熵规律性不明显且波动较大，仅有广东、上海等少数制造业发达省份趋于稳定，这与技术引进除了对引进企业本身有特殊要求外，同时容易受到外界因素的干扰，例如国际政治经济关系、发达国家技术封锁等。比较各省份 2008—2019 年均值后发现，集聚度高于全国平均水平，即区位熵 >1 的省份依次为上海（4.888）、重庆（2.434）、天津（1.951）、广东（1.829）、北京（1.659）、福建（1.205）、吉林（1.171）、宁夏（1.043）。中国科技发展战略研究小组、中国科学院大学中国创新创业管理研究中心发布的《中国区域创新能力评价报告 2020》显示，上述省份的创新能力排名为上海第 4 位（共 31 个省份，下同）、重庆第 10 位、天津第 15 位、广东第 1 位、北京第 2 位、福建第 14 位、吉林第 28 位、宁夏第 22 位。比较后发现，要素高度集聚在创新能力排名靠前和排名靠后的省份，创新能力排名靠前的北京、上海、广东等省份要素集聚程度高，体现了该地区制造业技术引进活跃，是实现产业升级的需要，同时也说明该地区有良好的技术引进政策；宁夏、吉林等创新能力靠后、制造业欠发达地区，其要素集聚程度较高，体现了该地区希望通过技术引进实现模仿创新的迫切需求。

由表 4.11 可知，技术改造方面，2008 年区位熵 >1 的省份多达 14 个，说明有近一半的省份比较重视技术改造投入，区位熵排名前 5 的省份分别为宁夏（2.473）、湖北（2.267）、山西（1.883）、安徽（1.671）、天津（1.547），其中湖北、山西、安徽均为中部省份，2004 年中央提出了“中部崛起战略”，相较于自主研发而言，技术改造能够以最快的速度、较低的成本和风险对产业进行改造升级，进而促进产业和区域经济发展，为促进国家战略的落地，中部省份越来越重视技术改造方面的投入。2019 年区位熵 >1 的省份减少到 9 个，分别为宁夏（2.917）、广西（2.159）、甘肃（1.560）、安徽（1.389）、广东（1.371）、上海（1.353）、辽宁（1.068）、湖南（1.003）、山西（1.000），排名前三的宁夏、广西和甘肃均为经济欠发达省份，体现了上述省份希望通过技术改造快速实现产业升级的迫切需求，安徽、湖南和山西依然为中部省份，上海、广东为制造业发达省份。不难看出，技术改造集聚在经济发达、中等和欠发达地区均发挥着一定的作用，但其具体效果会各有差异。

第二节　制造业高质量发展的测度与特征事实

一、我国制造业高质量发展现状——基于技术创新视角的分析

（一）我国技术创新现状的国际比较

世界知识产权组织（WIPO）发布的《2020 年全球创新指数（GII）报告》显示，在全球 131 个经济体中，中国创新能力排名保持在第 14 位，与 2019 年持平。其中，两个重要指标排名有所上升，分别是人力资本和研究（第 21 位，上升四位）和市场成熟度（第 19 位，上升两位），在数项关键产出指标中保持世界第一的地位，包括本国专利申请量、商标、外观设计和创意产品出口等。有 17 个科技集群进入全球科技集群百强，数量仅次于美国，排在世界第 2 位。中国还连续第八年在中等收入经济体中位居创新质量排名的榜首。

表 4.12 列出了金砖五国和世界主要发达国家研发主要指标情况。2018 年，研发投入排在前三的日本、德国、美国 R&D 支出 GDP 占比分别为：3.26%、3.09% 和 2.84%，高收入国家、中上等收入国家以及全世界平均占比为 2.59%、1.73%、2.27%，中国 R&D 支出 GDP 占比为 2.19%，接近世界平均水平，高于中上等收入国家水平。2018 年中国专利申请、商标申请、科技期刊论文数分别为：1393815 件、7127191 件和 528263 篇，三项指标均位居第一，占全球总量的比例

分别为：12.10%、60.74% 和 20.68%，分析原因，一方面是我国近几年加大了对科技创新的支持力度有关，另一方面是我国创新能力有了大幅度提高。与此同时，我国专利转化效率低、科技论文质量不高也是一个不容争议的事实，科技创新中在专利、商标、科技论文等产出方面需要更加重视质量和创新效率的提升。2019年，我国高技术产品出口达到 7158.43 亿美元，位居第一，比排在第二的德国高出 5000 多亿美元，上述产品出口中信息和通信技术产品出口占据了绝大多数的份额，这与中国制造业大国的地位是一致的。但同时也要看到，我国高技术商品的生产主要通过进口中间产品并进行加工组装，然后出口，仍然属于高技术产业中的低端环节，制造业出口额中的增加值率仍较低（保永文，2017）。综合来看，我国在创新投入和产出的数量方面取得了长足进步，但在产出效率和产出质量方面有较大的提升空间。

表4.12　金砖五国和世界主要发达国家研发情况

国家	R&D支出占GDP比重（%）（2018年）	专利申请(2018年)	商标申请(2018年)	科技期刊论文数（2018年）	高技术产品出口（亿美元）（2019年）	信息和通信技术产品出口占总出口比重（%）（2018年）
中国	2.19	1393815	7127191	528263	7158.43	27.31
巴西	1.26（2017）	4980	176063	60147	94.28	0.35
印度	0.65	16289	297751	135787	236.44	1.18
俄罗斯	0.99	24926	203854	81579	108.65	0.47
南非	0.83(2017)	657	22550	13008	20.44	0.97
美国	2.84	285095	445872	422807	1563.62	8.90
德国	3.09	46617	195613	104396	2086.78	4.96
日本	3.26	253630	438338	98792	1040.42	8.11
英国	1.72	12865	139155	97680	781.76	3.87
法国	2.2	14303	279882	66352	1208.97	3.96
全世界	2.27	2294847	11522927	2554373	—	11.44
中上等收入国家	1.73	1452221	8516314	893168	—	16.23
高收入国家	2.59	819240	2427475	1450445	—	10.22

资料来源：由《World Development Indicators》数据整理得出。

（二）规模以上工业企业科技活动情况

规模以上工业企业研发创新活动情况能够在很大程度上代表整个工业乃至整个经济的创新状况（薛健和郭万山，2020）。2011 年 1 月起，国家统计调查对纳入规模以上工业统计范围的工业企业起点标准从年主营业务收入 500 万元提高到 2000 万元。为确保数据的一致性和可比性，本研究对 2011—2019 年规模以上工业企业的科技活动情况进行比较分析，相关数据来自《中国科技统计年鉴 2020》。

统计显示，有研发活动企业个数从 2011 年的 37467 个逐年增加到 2019 年的 129198 个，净增 91731 个，年均增长 30.6%；有研发活动企业所占比重也从 11.5% 提高到 34.1%，企业办研发机构数从 2011 年的 31320 个增加到 2019 年的 95459 个，净增 64139 个，年均增长 25.6%。说明企业对研发活动的重视程度有了大幅度提高，创新驱动的微观基础改善明显。

从研发投入来看，研发人员全时当量从 2011 年的 193.9 万人增长到 2019 年的 315.2 万人，年均增长 7.8%；研发经费内部支出从 2011 年的 5993.8 亿元增加到 2019 年的 13971.1 亿元，年均增长 16.6%；新产品开发经费支出从 2011 年的 6845.9 亿元增加到 2019 年的 16985.7 亿元，年均增长 18.5%；引进国外技术经费增长不明显，基本维持在 450 亿元左右；引进技术消化吸收经费支出呈逐年递减趋势，2011 年为 202.2 亿元，2019 年仅为 96.8 亿元；购买国内技术经费支出从 2011 年的 220.5 亿元增长到 2019 年的 537.4 亿元，年均增长 18%；技术改造经费从 2011 年的 4293.7 亿元逐年递减到 2017 年的 3016.6 亿元，随后又缓慢增长到 2019 年的 3740.2 亿元。近年来，我国规上工业企业在创新人员投入和经费投入方面增长明显，其中经费投入增长明显高于人员投入，这与研发人员的培养周期较长有关。在我国技术需求大幅度增长的背景下，与国外的技术交流增长不甚明显，但国内的技术购买经费增长较快，说明我国企业越来越重视自主研发能力的提升和技术的内部循环，同时也说明国外对我国的技术封锁形势依然严峻，技术内循环体系的构建显得十分必要。

从创新产出角度看，专利申请数从 2011 年的 386075 件增加到 2019 年的 1059808 件，年均增长 21.8%，其中，发明专利申请数从 2011 年的 134843 件增加到 2019 年的 398802 件，年均增长 24.5%，说明我国企业原始创新能力与科技综合实力逐步增强；新产品销售收入从 2011 年的 100582.7 亿元逐年增加到 2019 年的 212160.3 亿元，年均增长 13.9%，略低于新产品开发支出增幅的 18.5%；新产品出口销售收入从 2011 年的 20223.1 亿元增加到 2019 年的 39269.3 亿元，年均增长 11.8%，说明我国产品的国际竞争力日益增强。

综合来看，随着创新驱动发展战略的深入推进，我国企业对技术创新的重视程度、投入力度及产出成效均有大幅度提升，科技创新对企业的技术产出和经济产出均有较强的推动作用，但在注重技术内循环的同时也应加强技术的国际交流。

二、制造业高质量发展测度指标体系构建与方法选择

（一）制造业高质量发展评价相关研究梳理

随着高质量发展的提出，学者们围绕高质量发展的评价研究逐渐增多。综合现有文献，不难发现大多数学者主要是围绕整个经济社会的高质量发展进行评价。虽然针对制造业高质量发展评价的相关研究较少，但基于制造业不同发展阶段的理论与实践探索由来已久，如制造业创新能力评价、竞争力评价、可持续发展能力评价等。2018 年 12 月的中央经济工作会议和 2019 年的全国两会均对制造业高质量发展提出了明确要求，随后，学者们围绕制造业高质量发展评价的相关研究逐渐增多。本部分对现有制造业高质量发展评价主要研究成果进行梳理，详见表 4.13，以期为后续研究奠定基础。

表4.13　现有围绕制造业高质量发展评价研究成果表

研究范围	主要指标内容	指标体系构成	测度评价方法	作者
理论探讨	创新驱动、结构优化、速度效益、要素效率、品质品牌、融合发展、绿色发展	7大类27项具体指标	德尔菲法、变异系数法	张文会等（2018）
全国省级行政区制造业	经济效益、创新发展力、产业结构、开放程度、生态环境	5大类15个具体指标	熵值法	刘国新等（2020）
	经济效益、技术创新、绿色发展、质量品牌、两化融合、高端发展	6大类12 个具体指标	变异系数法	江小国等（2019）
	高端化、服务化、智能化、绿色化	4个一级指标、9个二级指标和14个具体指标	拉开档次法	韦欢（2020）
全国装备制造业	研发设计、生产制造、市场匹配	3大类12项具体指标	拉开档次法、BP神经网络算法	钞小静等（2021）

续表

研究范围	主要指标内容	指标体系构成	测度评价方法	作者
中部六省制造业	经济效益、技术创新、绿色发展、质量品牌、信息化水平	5大类16个具体指标	变异系数法	苏永伟（2020）
单一省域制造业	创新驱动、结构优化、速度效益、要素效率、融合发展、绿色发展和对外开放	7个一级指标、17个二级指标和20个具体指标	熵值法、灰色关联分析法	王丽娟（2019）
单一市域制造业	规模总量水平、创新能力水平、质量效益水平	3大类11个具体指标	因子分析法	张航（2020）

由表4.13可知，目前关于制造业高质量发展水平测度的相关研究总体情况如下：①从研究范围来看，全国总体、全国省域、单一市域等均有涉及，但以全国省域层面的研究居多，主要因为基于省域层面的跨区域研究更具针对性，研究结论更具可比性，有利于促进各地区对标对表、找准差距；②从主要指标内容看，创新能力、经济效益、结构优化等是重点，同时围绕绿色、开放、品牌等内容的研究也日渐丰富；③指标体系的设计上，在大类指标分类、具体指标设计方面各有不同，但其基本元素趋于一致；④研究方法上，熵值法、变异系数法、拉开档次法成为主流；⑤研究时间上，集中在2018年以后。

综合来看，现有指标体系的设计侧重于制造业发展现状评价方面，对制造业高质量发展影响因素以及未来发展趋势相关指标考虑较少。为将制造业高质量发展与其影响因素关联起来，以便设计针对性发展路径、提出操作性强的对策建议，有必要拓展制造业高质量发展评价视角，这也正是本研究的出发点。

（二）测度指标体系构建

1. 相关依据

高质量发展具有多维属性，要求能够体现"创新、协调、绿色、开放、共享"的新发展理念。具体到产业层面，高质量发展是一种产业全过程、各环节均能够得以充分发展的高级状态（钞小静等，2021）。无一例外，制造业高质量发展是涉及多个领域和层面的复杂的系统工程，内容涵盖经济、环境和社会各个方面。《中共中央关于制定国民经济和社会发展第十四个五年规划和二〇三五年远景目标的建议》中明确指出，要坚定不移建设制造强国，提高经济质量效益和核心竞争力。总之，本研究设计制造业高质量发展评价指标体系的理论依据主要包括五大发展理念、制造业高质量发展的内涵与特性、相关政策文件以及国内外学者的研究成果。

2. 指标确定

遵循全面性、层次性、科学性、可比性和可操作性原则，兼顾拓展视角下对制造业高质量发展影响因素方面的考虑，基于创新链、产业链、供应链、全球价值链多链融合视角，借鉴钞小静等（2021）的测度装备制造业高质量发展相关思路，从“经济效益—技术创新—绿色发展”三个环节来构建制造业高质量发展评价指标体系。经济效益指标主要反映制造企业盈利能力状况等；技术创新指标主要考察企业创新投入、新产品开发等；绿色发展指标主要考察工业污染治理、能耗等。黄顺春和张书齐（2021）对制造业高质量发展评价具体指标进行了频率分析，结果显示排名前三的大类指标为创新、绿色发展和经济层面的指标，这与本研究中的大类指标设计完全一致。基于制造业高质量发展的测度逻辑，借鉴唐红祥等（2019）、江小国等（2019）、刘国新等（2020）、苏永伟（2020）等人的研究，考虑数据可得性与可靠性，构建了本研究关于我国制造业高质量发展评价指标体系，具体如表 4.14 所列。

表4.14 制造业高质量发展评价指标体系

一级指标	二级指标	指标解释	指标来源
经济效益	主营业务收入利润率 x1	营业利润总额/主营业务收入	唐红祥等（2019） 刘国新等（2020） 江小国等（2019） 苏永伟（2020）
	全员工业劳动生产率 x2	工业增加值/年末人口数	苏永伟（2020）
	工业增加值增速 x3	(后一年产值－前一年产值)/前一年产值	唐红祥等（2019） 苏永伟（2020）
技术创新	技术创新投入水平 x4	制造业R&D经费支出／主营业务收入	江小国等（2019）
	新产品开发投入产出比 x5	新产品销售收入／新产品开发经费支出	唐红祥等（2019） 刘国新等（2020）
	人均发明专利数 x6	发明专利数量／R&D人员数	江小国等（2019）

续表

一级指标	二级指标	指标解释	指标来源
绿色发展	工业污染治理完成率×7	工业污染治理完成投资额／工业增加值	刘国新等（2020） 江小国等（2019）
	固体废物处理利用率×8	工业固体废物综合利用量／工业固体废物产生量	江小国等（2019）
	单位工业增加值能耗×9	工业用电量/工业增加值	苏永伟（2020）

（三）研究方法选择——全局熵值法

在构建指标体系以后，为对研究对象进行客观评价，需要对各具体指标赋权重，计算出综合得分。关于权重的计算方法，主要分为主观赋权和客观赋权两类。主观赋权由于其操作中存在较大的主观随意性，为了得到相对客观的结果，因此本研究采用客观赋权法来确定权重。常见的客观赋权法主要有主成分分析法、因子分析法、离差及均方差法、熵权法等。由于在本研究中涉及多年份多指标，以上常见的客观赋权方法很难做到对某一指标进行赋权。为了克服这一困难，在本研究中，使用全局熵值法来对研究的指标进行赋权。从丁刚等（2013）、赵瑞芬等（2017）、刘维跃等（2018）的研究可以发现全局熵值法的基本思想是将立体时序数据表按照时间顺序整理成二维表，再按照传统熵值法进行计算。基于已有研究，确定本研究中全局熵值法的操作步骤如下。

1. 构建全局评价矩阵

要评价全国各省份制造业高质量发展水平，涉及 m 个地区 T 年的数据，其评价指标体系由 n 个具体的指标构成。首先建立评价系统的初始全局评价矩阵如下：

$$\mathrm{X}=\left(x_{ij}^{t}\right)_{mT\times n} \tag{4.7}$$

其中 x_{ij}^{t} 表示第 i 个地区第 j 项评价指标 t 年的数值。

2. 数据的标准化

由于各指标的量纲、数量级及正负取向均有差异，需要对 X 按以下公式作标准化处理：

正向指标：$$\left(x_{ij}^{t}\right)'=\frac{x_{ij}^{t}-x_{j\min}}{x_{j\max}-x_{j\min}}\times 99+1 \tag{4.8}$$

负向指标：$$\left(x_{ij}^{t}\right)'=\frac{x_{j\max}-x_{ij}^{t}}{x_{j\max}-x_{j\min}}\times 99+1 \tag{4.9}$$

式（4.8）和（4.9）中，$1 \leqslant i \leqslant m$，$1 \leqslant j \leqslant n$，$1 \leqslant t \leqslant T$

3. 计算第 j 个指标下第 i 个地区在该指标中所占的比重

$$y_{ij}^{t}=\frac{\left(x_{ij}^{t}\right)'}{\sum_{i=1}^{m}\left(x_{ij}^{t}\right)'} \tag{4.10}$$

4. 计算第 j 项指标的信息熵

$$e_{j}=-K\sum_{t=1}^{T}\sum_{i=1}^{n}y_{ij}^{t}\ln y_{ij}^{t} \tag{4.11}$$

$$K=1/\ln mT \tag{4.12}$$

5. 计算第 j 个指标的信息熵冗余度

$$g_{j}=1-e_{j} \tag{4.13}$$

6. 计算指标的客观权重

$$w_{j}=\frac{g_{j}}{\sum_{j=1}^{n}g_{j}} \tag{4.14}$$

7. 计算综合得分

$$F_{m}=\sum_{j=1}^{n}w_{j}x_{ij}' \quad F_{c}=\sum_{j=1}^{n}w_{j}\left(x_{ij}^{t}\right)' \tag{4.15}$$

三、制造业高质量发展的测度结果与分析

（一）全局熵值法计算指标信息熵、冗余度和权重

根据全局熵值法的计算步骤，可以得出本研究设计的指标体系中的各项指标的权重，具体如表 4.15 所列。

表4.15　全局熵值法计算指标信息熵、冗余度和权重

指标	属性	e	g	w
x1	+	0.9834	0.0166	0.0752
x2	+	0.9666	0.0334	0.1510
x3	+	0.9931	0.0069	0.0314
x4	+	0.9800	0.0200	0.0902
x5	+	0.9859	0.0141	0.0636
x6	+	0.9445	0.0555	0.2509
x7	+	0.9467	0.0533	0.2408

续表

指标	属性	e	g	w
x8	+	0.9813	0.0187	0.0845
x9	−	0.9972	0.0028	0.0124

（二）全国各省制造业高质量发展水平综合分析

依据指标体系及全局熵值法计算出的指标权重，可以计算得出 2008—2019 年全国各省（市）制造业高质量发展各大类指标得分及综合得分情况，限于篇幅以下只列出综合得分情况，如表 4.16 所列，各省（市）2008、2019 两年各指标情况如图 4.3、图 4.4 所示。

表4.16　2008—2019年全国各省（市）的制造业高质量发展评价综合得分

年份 地区	2008	2009	2010	2011	2012	2013	2014	2015	2016	2017	2018	2019
北京	27.553	22.413	20.900	22.566	28.316	30.300	32.758	36.675	40.545	43.251	47.533	50.439
天津	31.681	32.747	31.788	32.411	33.141	34.739	36.316	38.220	37.843	40.776	43.749	43.418
河北	16.677	15.045	13.519	14.443	14.140	17.187	20.626	20.614	20.583	22.026	25.543	26.386
山西	24.493	21.676	22.629	20.574	22.428	25.595	22.620	22.147	23.126	26.218	26.283	26.323
内蒙古	18.044	17.376	16.321	20.795	17.409	27.289	30.935	24.268	24.497	25.027	24.863	27.349
华北	23.690	21.851	21.031	22.158	23.087	27.022	28.651	28.385	29.319	31.460	33.594	34.783
辽宁	16.693	16.924	15.905	16.965	17.313	19.856	20.546	19.614	24.956	27.712	29.414	29.836
吉林	16.224	21.751	19.612	16.234	18.492	19.725	20.349	18.107	19.062	17.236	22.840	23.862
黑龙江	18.695	18.260	17.920	18.537	18.023	20.121	19.383	19.263	20.004	21.038	21.362	23.232
东北	17.204	18.978	17.812	17.245	17.943	19.901	20.093	18.995	21.341	21.995	24.539	25.643
上海	29.075	30.502	31.523	33.608	35.207	35.620	39.992	41.445	47.850	50.073	51.252	53.340
江苏	26.470	25.629	25.479	29.174	30.631	32.580	34.257	36.104	38.448	41.777	46.396	47.430
浙江	26.462	25.287	24.630	28.164	29.059	32.015	33.709	34.656	35.814	36.213	37.943	38.723
安徽	21.547	19.860	18.870	20.344	22.250	26.508	26.241	28.414	33.977	35.323	38.236	37.642
福建	20.269	21.555	21.985	22.161	26.228	28.338	29.550	29.512	29.417	31.823	34.050	34.751
江西	13.379	11.284	13.003	14.876	14.690	17.402	17.632	19.074	17.649	21.825	22.657	23.589
山东	24.412	23.529	23.484	25.428	25.847	27.142	30.400	29.615	31.203	32.258	34.670	36.293
华东	23.088	22.521	22.711	24.822	26.273	28.515	30.254	31.260	33.480	35.613	37.886	38.824
河南	17.201	16.197	16.465	17.642	17.407	20.011	21.207	20.856	23.133	21.959	25.953	25.679

续表

年份 地区	2008	2009	2010	2011	2012	2013	2014	2015	2016	2017	2018	2019
湖北	20.315	21.999	22.072	21.499	22.257	23.325	25.358	25.447	27.962	29.237	32.521	34.216
湖南	21.710	24.214	24.805	20.816	21.741	23.115	24.241	27.189	27.540	28.828	30.861	32.817
广东	25.408	25.175	28.333	30.001	31.082	32.348	35.447	40.716	43.391	44.741	45.335	46.319
广西	19.293	17.500	17.050	15.128	16.147	19.173	18.781	21.938	23.061	21.742	21.742	22.814
海南	14.692	15.025	20.747	21.282	22.615	23.326	29.373	23.959	29.277	31.865	29.806	33.249
中南	19.770	20.018	21.579	21.061	21.875	23.550	25.735	26.684	29.061	29.729	31.036	32.516
重庆	23.588	21.365	22.317	22.518	23.456	24.948	25.632	25.969	26.015	28.987	30.707	31.391
四川	16.536	14.543	13.722	16.164	15.498	16.464	19.621	20.470	21.228	23.691	26.637	27.524
贵州	19.499	16.918	15.840	19.290	19.165	19.977	22.373	21.727	21.096	21.152	22.222	24.573
云南	14.259	13.855	14.593	15.615	17.823	19.716	20.288	21.643	21.519	19.862	20.696	24.702
西南	18.471	16.670	16.618	18.397	18.986	20.276	21.979	22.452	22.465	23.423	25.066	27.048
陕西	14.942	18.772	21.333	21.513	23.176	25.005	24.742	24.947	27.712	26.088	30.741	31.493
甘肃	16.872	17.339	18.193	16.144	20.483	19.818	19.008	15.879	20.093	18.240	20.136	20.449
青海	21.445	18.355	11.197	17.425	16.199	17.512	24.107	21.175	27.738	17.665	23.306	23.326
宁夏	27.743	20.334	18.081	18.495	22.090	31.622	41.871	26.678	38.251	25.198	25.871	26.310
新疆	16.018	17.899	15.691	16.660	15.711	20.127	24.907	21.942	22.332	24.625	28.412	33.023
西北	19.404	18.540	16.899	18.047	19.532	22.817	26.927	22.124	27.225	22.363	25.693	26.920

数据来源：作者根据相关数据计算整理得出。

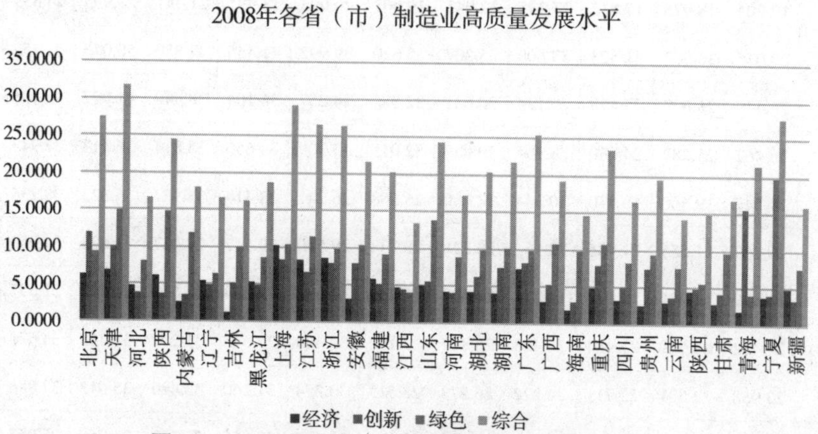

图4.3 2008年各省（市）制造业高质量发展水平

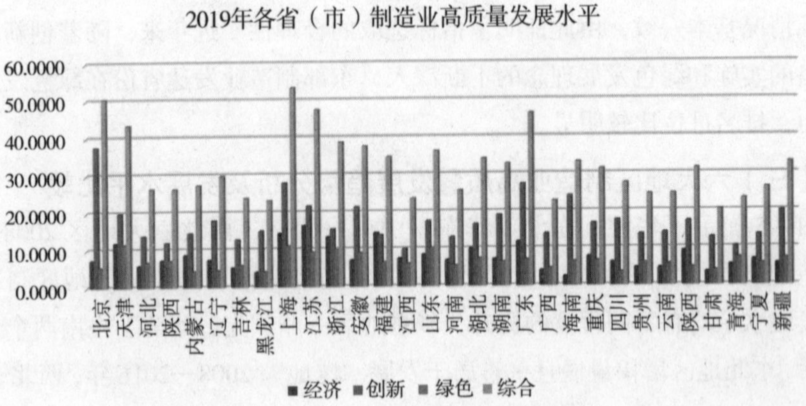

图4.4　2019年各省（市）制造业高质量发展水平

2008—2019 年 12 年间，各省（市）制造业高质量发展各项指标总体上呈现出波动上升态势，但东中西部的发展水平间差距几乎处于固化的状态，南北差距呈现出阶段性“扩大—稳定”的演化规律，但总体呈现扩大态势。处于京津冀、长三角、珠三角、长江中游和成渝五大城市群的相关省份在制造业高质量发展中的引领作用逐渐增强。2008 年，综合指标排在前 5 的省份依次为天津（31.681）、上海（29.075）、宁夏（27.743）、北京（27.553）、江苏（26.470）。2008 年，各分项指标排在前 5 的省份具体情况如下。①经济效益：上海（10.310）、浙江（8.633）、江苏（8.268）、广东（7.413）、天津（6.782）；②创新能力：北京（11.960）、天津（10.007）、上海（8.394）、广东（8.157）、浙江（7.989）；③绿色发展：宁夏（19.844）、天津（14.891）、山西（14.762）、山东（13.789）、内蒙古（11.891）。可见，北京、天津、上海、江苏、浙江等省份在经济效益、创新能力指标上表现出色，但在绿色发展方面仅有天津排在前列；宁夏在绿色发展上排名第 1，综合排名比较靠前，由此可见宁夏在绿色发展方面的经验值得借鉴。2019 年，综合指标排在前 5 的省份依次为：上海（53.340）、北京（50.439）、江苏（47.430）、广东（46.319）、天津（43.418）。2019 年，各分项指标排在前 5 的省份具体情况如下。①经济效益：江苏（16.453）、福建（14.381）、上海（14.359）、浙江（13.375）、天津（11.918）；②创新能力：北京（37.630）、上海（27.908）、广东（27.386）、浙江（25.418）、江苏（21.693）；③绿色发展：天津（11.559）、上海（11.073）、山东（10.225）、浙江（9.930）、江苏（9.284）。中国科学院大学中国创新创业管理研究中心发布的《2020 中国区域创新能力评价报告》显示，2019 年区域创新综合效用值排在前5位的依次为广东、北京、江苏、上海和浙江，与本研究测算的指标情况基本一致，由此证明了指标选取的合理性。近年来，随着创新驱动发展战略的实施和绿色发展理念的不断深入，东部制造业发达省份在绿色发展上逐渐发力，排名进位比较明显。

（三）六大地区制造业高质量发展趋势分析及发展水平比较

图4.5展示了华北、东北、华东、中南、西南、西北六大地区2008—2019年制造业高质量发展水平变化情况。从变化趋势上看，12年间各地区制造业高质量发展水平均有不同程度的提升，华东地区一路领先，华北、中南两个地区紧跟其后，东北地区增幅最慢且一直居于发展“洼地”；2008—2016年，西北、西南、东北三大地区在增速上各有差异，2017年以来，三个地区增长乏力且差异不明显，由此可见上述地区同时遇到了发展瓶颈；西北地区制造业高质量发展水平波动明显，2014年和2016年出现了两个小高峰。从发展水平上看，2008年，华北、华东两大地区居于前列，东北、中南、西北、西南处于第二梯队且差距不明显，可见2008年全国各地的制造业高质量水平差异不大，印证了2008年为我国制造业高质量发展元年的论断；2019年华东地区制造业高质量发展水平呈现出遥遥领先的态势，且与其他地区的差距不断拉大，华北和中南地区其次，西北、西南和东北位居第三梯队。综合来看，2008年美国金融危机以来，随着各级政府对制造业发展的高度重视以及城镇化速度的不断加快，制造业高质量发展水平得到了显著提升。结合前文关于创新要素集聚的研究发现，西北、西南和东北等地区是创新要素的流出地，而华东、华北、中南为创新要素的集聚地，这从侧面反映了创新要素集聚与制造业高质量发展间的关联性。

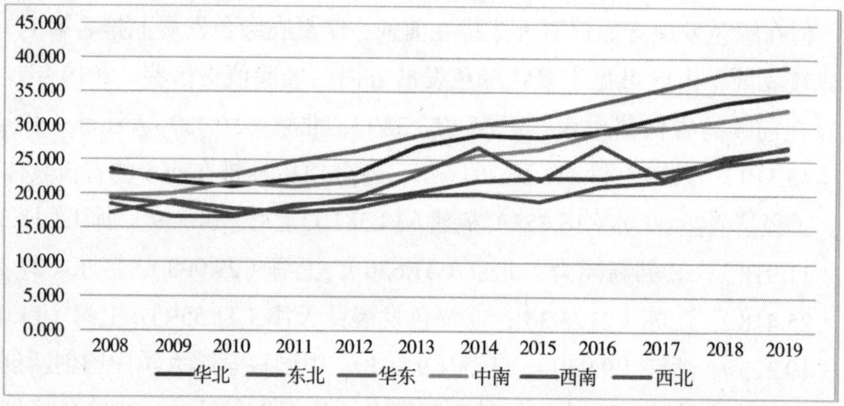

图4.5　2008—2019年中国六大地区制造业高质量发展水平变化趋势图

第三节　创新要素集聚和制造业高质量发展的动态演化分析

一、动态演化分析方法选择

相比参数估计需要事先设定模型，不够灵活，并且对模型非常敏感的特点而言，非参数估计不需要事先设定模型，因此对模型不敏感，并且在研究样本动态演变过程时，非参数估计方法有着较大的优势（李强谊和钟水映，2016）。核密度估计（Kernel Density Estimation，KDE）是非参数估计方法之一，在多个领域的动态演化分析中得到了普遍运用，比如孙才志和李欣（2015）分析中国海洋经济发展的动态演变特征，孙阳春和郭明玉（2016）分析了我国区域高等教育水平分布的动态演化，刘华军和杜广杰（2017）关于中国经济发展分布的动态演变格局研究，吕雁琴等（2021）分析中国旅游设施发展水平的空间非均衡及动态演进等。

本研究采用非参数核密度估计方法对全国创新要素集聚水平和制造业高质量发展水平的动态演化特征进行分析，估计方法如下：

$$f(x)=\frac{1}{nh}\sum_{i=1}^{n}K\left(\frac{x-x_i}{h}\right) \tag{4.16}$$

式（4.16）中，$f(x)$ 为概率密度函数的估计，x_i 为第 i 个地区的创新要素集聚度或者高质量发展水平，x 为创新要素集聚度或者高质量发展水平的均值，n 为总样本个数，h 为带宽，$K(u)$ 为 Kernel 函数。

非参数核密度估计的核心问题之一是最优带宽的选择，主要是根据不同的核函数来确定。唐兴芸等（2019）研究认为核函数的选取对核估计好坏的影响不大，在大样本情况下，采用高斯核、Epanechnikov 核、均匀核、三角核、双权核、余弦核估计得到的最优带宽一致，所得核估计的表现几乎都相同。因此，本研究采用 EVIEWS 软件默认的 Epanechnikov 核函数进行相应的研究。其表达式为：

$$k(u)=0.75(1-u^2)\quad |u|\leq 1 \tag{4.17}$$

二、创新要素集聚的动态演化分析

（一）人才要素集聚的动态演化分析

图 4.6 表明，与 2008 年相比，2019 年我国人才要素集聚的核密度曲线整体随年度的增加存在显著的向右位移，这表明全国绝大部分地区的人才要素集聚水平在提高。从 2008 年到 2019 年我国的人才要素集聚的核密度曲线峰度逐渐降低，

从 2010 年 1.1 左右下降到 2019 年 0.8 左右，这说明各个省份人才要素集聚的相对差距在逐步缩小。

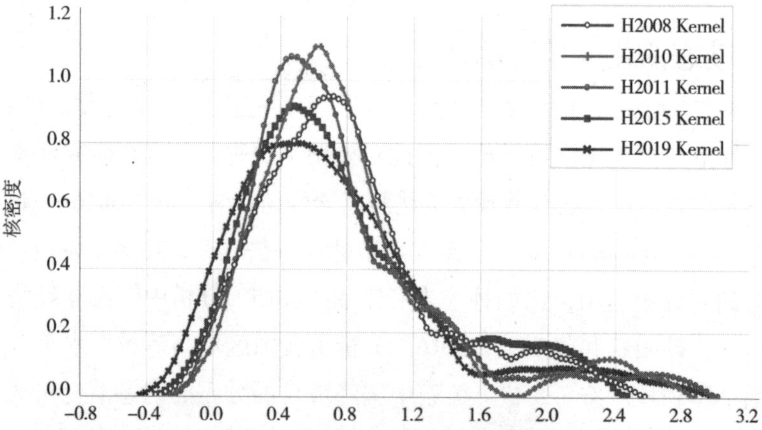

图4.6　人才要素集聚核密度图

（二）资本要素集聚的动态演化分析

图 4.7 表明，从 2008 年到 2019 年我国的资本要素集聚的核密度曲线峰度明显降低，从峰值接近 1.4 下降到 0.8 左右，这说明各省份资本要素集聚的相对差距在大幅度缩小。从 2008 年到 2019 年我国资本要素集聚的核密度曲线整体平移不显著，这表明全国绝大部分地区的资本要素集聚水平变化不大。

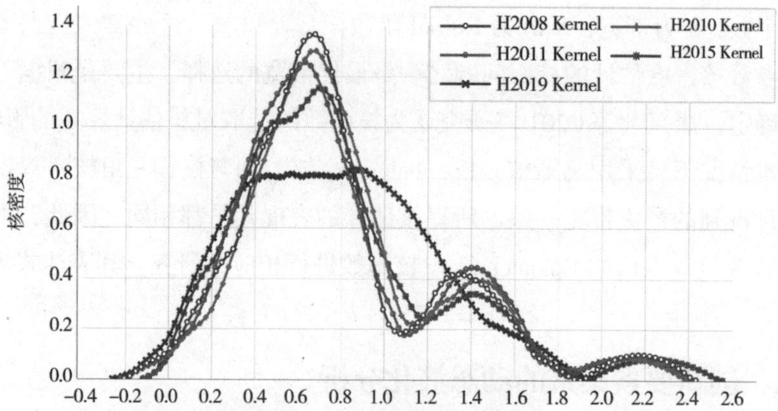

图4.7　资本要素集聚核密度图

（三）技术要素集聚的动态演化分析

1. 技术改造集聚的动态演化分析

图 4.8 表明，从 2008 年到 2019 年我国的技术改造创新要素集聚的核密度曲

线峰度明显上升，从峰值 0.6 上升到 1.1 左右，这说明各个省份技术改造创新要素集聚的相对差距存在明显扩大的趋势。从 2008 年到 2019 年我国的技术改造创新要素集聚核密度曲线整体向右平移比较明显，这表明全国绝大部分地区的技术改造集聚水平都有较大的提升。

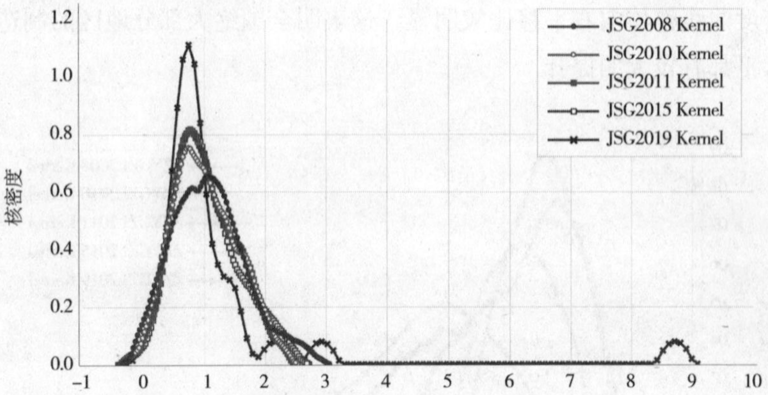

图4.8　技术改造集聚核密度图

2. 引进技术集聚的动态演化分析

由图 4.9 可知，从 2008 年到 2019 年我国的引进技术创新要素集聚的核密度曲线峰度明显上升，从峰值 0.6 上升到 1.2 左右，这说明各个省份引进技术创新要素集聚的相对差距存在明显扩大的趋势。从 2008 年到 2019 年我国的技术改造创新要素集聚核密度曲线整体呈现出向左平移的趋势，并且长度显著缩短，这表明全国绝大部分地区的引进技术集聚呈现下降的趋势。

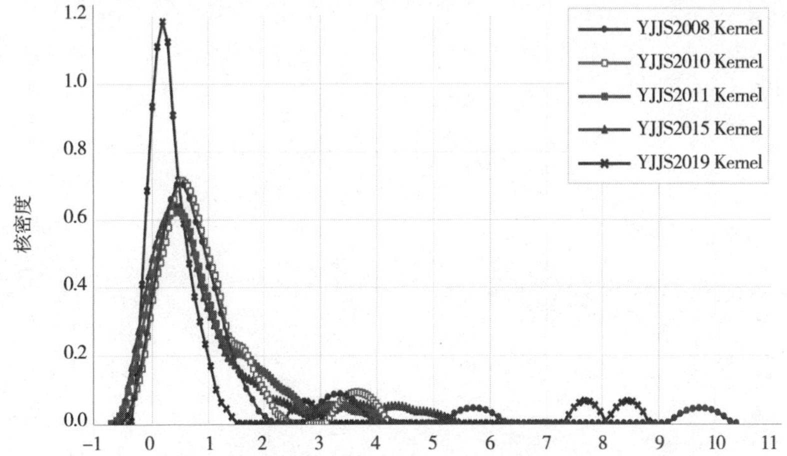

图4.9　引进技术集聚核密度图

三、制造业高质量发展的动态演化分析

由图 4.10 可知，从 2008 年到 2019 年我国的制造业高质量发展水平核密度图曲线峰度明显下降，从峰值 0.9 下降到 0.5，这说明各个省份制造业高质量发展的相对差距存在明显缩小的趋势。从 2008 年到 2019 年我国制造业高质量发展水平核密度曲线整体向右平移比较明显，这表明全国绝大部分地区的制造业高质量发展水平都有较大的提升。

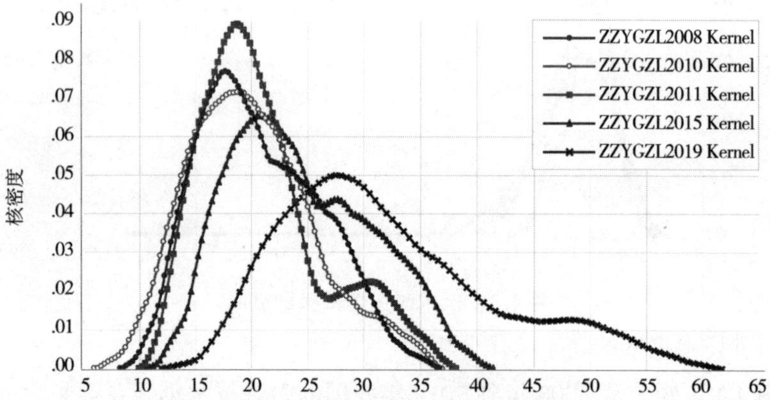

图4.10　制造业高质量发展核密度图

第五章　创新要素集聚影响制造业高质量发展基准回归分析

第三章对创新要素集聚影响制造业高质量发展进行了理论分析，第四章对全国各省（市）人才、资本、技术三种创新要素集聚程度和制造业高质量发展水平进行了测度，为进一步探究创新要素集聚对制造业高质量发展的具体影响，接下来第五、第六、第七三章将从基准回归分析、异质性分析、空间溢出效应分析三个方面进行实证检验。

本章主要内容包括：变量选择、数据来源和理论模型设定，共线性与平稳性检验，估计方法选择，实证结果与分析以及门槛效应检验等。

第一节　变量选择、数据来源及模型设定

一、变量选择

（一）因变量

选择第四章中计算得出的各省（市）制造业高质量发展水平指数作为因变量，用 *GZL* 表示。

（二）核心解释变量

由于本研究主要探讨创新要素集聚对各省（市）制造业高质量发展水平的影响，因此主要选择人才要素集聚度、资本要素集聚度、技术改造集聚度和引进技术集聚度四项指标，分别用 *RC*、*ZB*、*JSGZ*、*YJJS* 来表示，各指标具体数值为上一章测度的区位熵。各创新要素集聚对制造业高质量发展的影响机制已在第三章进行详细探讨，本章不再赘述。

（三）控制变量

控制变量是除自变量之外，一切能使因变量发生变化的变量，这类变量如果不加以控制，也会造成因变量的变化（车文博，2001）。除了核心解释变量以外对制造业高质量发展产生影响的还包括以下因素。

（1）经济发展水平（*gdpzs*）。

经济发展水平是反映一个地区综合实力的重要指标，其发展程度的高低直接决定了该地区对市场主体和生产要素吸引力的大小，地方政府在财力比较充足的情况下，更愿意在基础设施建设、创新人才培养、创新主体培育等方面加大投入，进而有利于制造企业降低经营成本、研发成本和交易成本，同时也有利于制造企业获得外在经济下的“搭便车”收益。例如：张杰和王凡（2005）基于北京市统计数据的实证研究中发现，经济发展水平对制造业发展有重要影响；田晖等（2021）在研究中国制造业高质量发展时，认为经济发展水平一定程度上能驱动国家制造业的发展。本研究中选择 GDP 指数来表征经济发展水平。

（2）城镇化水平（*czh*）。

城镇化与工业化相伴相随，是我国实现社会主义现代化的必经之路，城镇化发展既有利于推动区域协调发展，同时也利于扩大内需和促进产业升级。资源禀赋的差异，决定了各地城镇化水平的差异，伴随着各地城镇化水平的提高，农村人口会进一步向城市聚集，从而为制造业发展提供了充足的劳动力保障和更加广阔的消费市场，进而从要素供给和产品需求两个方面对制造业发展产生影响。例如：陈曦等（2015）分析了城镇化水平与制造业发展之间的相互作用，认为城镇化可以持续促进产业结构升级，进而有利于提升制造业发展水平。本研究用城镇常住人口占地区总人口的比例来代表城镇化发展水平的大小。

（3）信息化水平（*xxh*）。

大数据、云计算、区块链等新一代信息技术在制造业研发设计、生产制造、运营管理、市场开发等领域的全方位应用，催生了分布式创新、离散制造、工业大数据、人工智能、数字营销等新技术、新业态和新模式。无论是传统制造业向先进制造业的转型，还是新兴制造业态的产生都离不开现代信息技术这一重要手段。例如：许卫华（2019）认为新型工业化和信息化相辅相成，信息化在制造业高质量发展中发挥着重要作用。本研究采用人均互联网宽带接入端口数作为信息化水平的代理变量。

（4）政府行为（*gvn*）。

政府行为对制造业的发展起着举足轻重的作用（夏伦，2019）。首先是战略规划和顶层设计方面，前文研究发现创新驱动发展战略的提出对各地的要素集聚和制造业发展均有显著影响。其次是直接的资金投入和政策优惠，以创新活动为例，企业投入往往以试验发展资金为主，关乎长远的基础研究方面主要依靠政府投入；另外，政府针对新兴产业以及创新型企业的税收减免、用地优惠和资金奖励等已成为制造企业降本增效的重要途径，同时也利于提升其参与技术创新、产品开发和技术改造的积极性。最后，政府在优化营商环境上的努力也会成为影响制造企业发展的重要因素，例如减少非必需的行政审批事项、压缩企业开办时间等均有利于企业聚焦主业、降低交易成本等。借鉴前人的做法，本研究用各地区政府教育和科技财政支出占 GDP 比重作为政府行为的代理变量。

二、数据来源

本书所涉及的变量数据主要来源于 2009—2020 年的《中国统计年鉴》《中国科技统计年鉴》《中国高技术产业统计年鉴》《中国工业统计年鉴》《中国城市统计年鉴》《中国环境统计年鉴》《中国能源统计年鉴》各省（市）统计年鉴、国家统计局网站、中经网数据库等。个别数据缺失年份使用均值法补差值来补充。所有数据均为比例数据，故未做价格平减等处理。由于西藏、香港、澳门、台湾等地区存在数据统计不全或部分数据缺失严重等问题，故予以剔除，最后采用北京、天津、河北、山西、内蒙古、辽宁、吉林、黑龙江、上海、江苏、浙江、安徽、福建、江西、山东、河南、湖北、湖南、广东、广西、海南、重庆、四川、贵州、云南、陕西、甘肃、青海、宁夏、新疆等 30 个省（市、区）的数据进行实证分析。

关于数据起止年份的选择问题，主要有以下考虑：2008 年金融危机的全面爆发暴露了“产业空心化”的种种弊端，发达国家“再工业化”和新兴国家制造业升级均被提到了空前高度。例如：美国奥巴马政府为了重新振兴创新与制造业通过了两个法案，即《美国复苏与再投资法案》（以投资促复苏，重点投向新兴制造业）和《美国制造业促进法》（通过大范围减税降低制造业成本，增强美国制造业的国际竞争力）；英国制定了低碳工业战略以及制造业的五大竞争策略；德国率先提出了“工业 4.0”，拟通过制造业全面实现智能化、数字化、自动化于一体，来实现德国工业区位的升级。2009 年 3 月，我国出台的《关于发挥科技支撑作用促进经济平稳较快发展的意见》指出要加快实施科技重大专项，为重点产业振兴提供支撑以及支持企业自主创新等六项措施；2009 年底召开的中央经济工作会议就战略性新兴产业发展作出重要安排。以上事实表明，2008 年是全球制造业重整或升级的元年，因此选择 2008 年作为数据起始年；目前各主要统计年鉴的最新版为 2020 年，故研究数据更新到 2019 年。相关数据的描述统计结果如表 5.1 所列。

表5.1　数据描述统计结果

	变量	样本量	均值	标准差	最小值	最大值
因变量	*GZL*	360	24.97911	7.878155	11.197	53.3405
核心解释变量	*RC*	360	0.7658982	0.5247238	0.0713871	2.789581
	ZB	360	0.7852161	0.4336454	0.0619	2.242
	JSGZ	360	1.01943	0.6900974	0.0401012	8.713536
	YJJS	360	0.900945	1.293927	0.0008226	9.747443
控制变量	*gdpzs*	360	109.2703	2.765975	100.5	117.2
	czh	360	0.5585868	0.1315012	0.2911568	0.9415162
	xxh	360	0.3428166	0.2265584	0.0349833	0.9857882
	gvn	360	0.0445295	0.0147907	0.0221073	0.1171017

三、模型设定

借鉴已有相关研究，本研究模型设定如下：

$$GZL_{it} = \alpha_1 + \beta_1 RC_{it} + \beta_2 ZB_{it} + \beta_3 JSGZ_{it} + \beta_4 YJJS_{it} + \beta_5 gdpzs_{it} + \beta_6 czh_{it} + \beta_7 xxh_{it} + \beta_8 gvn_{it} + \varepsilon_{it}$$

$$GZL_{it} = \alpha_1 + \beta_1 JSGZ_{it} + \beta_2 YJJS_{it} + \beta_3 RC_{it} + \beta_4 ZB_{it} + \beta_5 gdpzs_{it} + \beta_6 czh_{it} + \beta_7 xxh_{it} + \beta_8 gvn_{it} + \varepsilon_{it} \quad (5.1)$$

式中，GZL_{it}、RC_{it}、ZB_{it}、$JSGZ_{it}$、$YJJS_{it}$、$gdpzs_{it}$、czh_{it}、xxh_{it}、gvn_{it} 分别表示 i 省第 t 年的制造业高质量发展水平、人才要素集聚度、资本要素集聚度、技术改造集聚度、引进技术集聚度、经济发展水平、城镇化水平、信息化水平、政府行为，ε it 表示方程的随机扰动项。

第二节　共线性与平稳性检验

在进行面板数据多变量实证分析时，首先需要对各变量数据进行多重共线性及面板单位根检验，目的是判断数据是否存在共线性和单位根的问题。研究中选择的变量之间存在共线性问题和单位根问题会导致伪回归的出现，进而影响最终回归结果的可靠性。本章节的相关检验和回归结果使用 Stata16.1 软件得出。

一、共线性检验

方差膨胀因子（Variance Inflation Factor，VIF）法是检验变量之间是否存在多重共线性的常用方法，方差膨胀因子 *VIF* 用于度量模型多重共线性严重程度，数值越大，说明自变量间存在共线性的概率越大。根据 Hair et al.(1995）的相关研究，当方差膨胀因子 <10 属于可接受范围，表明自变量之间不存在共线性问题。由表 5.2 方差膨胀因子检验结果可知，本研究中 *VIF* 值最大的为 *ZB* 变量的 6.00，最小的为 *JSGZ* 变量的 1.23，平均为 3.05，所有变量 *VIF* 值均小于 10，因此可以判断以上变量之间不存在多重共线性。

表5.2　方差膨胀因子检验结果

Variable	*VIF*	1/*VIF*
RC	4.87	0.205225
ZB	6.00	0.166577
JSGZ	1.23	0.811879
YJJS	1.62	0.617733
gdpzs	2.54	0.392979
czh	3.53	0.283007
xxh	3.02	0.330661
gvn	1.61	0.621211
Mean VIF	3.05	

二、平稳性检验

面板单位根检验主要分为同根检验法和异根检验法，常见的同根检验方法有 LLC，异根检验方法有 IPS、ADF-Fisher 和 PP-Fisher(程文明，2020)。同时考虑到本研究中的变量为 30 个省级行政区 12 年的数据，属于时间序列 T 小于截面单位 N 的短面板数据类型。从张肃（2017)、赵昕东和刘成坤（2019）的研究可知 IPS 和 HT 这两种检验方法更适合短面板数据。在本研究中，综合同根检验、异根检验及短面板数据的特点，选择 LLC、HT 和 IPS 三种检验法来检验本研究所涉及的变量数据的平稳性。检验结果如表 5.3 所列。

表5.3　各变量的面板单位根检验结果

变量		*GZL*	*RC*	*ZB*	*JSGZ*	*YJJS*	*gdpzs*	*czh*	*xxh*	*gvn*
LLC检验	统计量	−6.0828	−4.4580	−8.4886	−6.9414	−3.5259	−6.8726	−24.5966	−2.0727	−8.3076
	*P*值	0.0000	0.0000	0.0000	0.0000	0.0002	0.0000	0.0000	0.0191	0.0000
	平稳性判断	平稳	平稳	平稳	平稳	平稳	平稳	平稳	平稳	平稳
HT检验	统计量	0.1787	0.4674	0.5949	0.0751	0.0220	0.2741	0.4995	0.2673	0.3290
	*P*值	0.0000	0.5215	0.9887	0.0000	0.0000	0.0005	0.7304	0.0003	0.0091
	平稳性判断	平稳	不平稳	不平稳	平稳	平稳	平稳	不平稳	平稳	平稳
IPS检验	统计量	−5.6551	−2.5785	−2.1812	−3.2954	−6.1213	−5.0049	−3.0324	−3.2963	−3.7660
	*P*值	0.0000	0.0050	0.0146	0.0005	0.0000	0.0000	0.0012	0.0005	0.0001
	平稳性判断	平稳	平稳	平稳	平稳	平稳	平稳	平稳	平稳	平稳

根据单位根检验的判断原则，如果通过了至少两种方法的平稳性检验，则可认为序列是平稳的（陈钦和林秋斌，2019）。从表 5.3 可见，本研究中所涉及的变量符合这一判断原则，可以判定本研究涉及的变量均是平稳序列，可进行下一步的研究。

第三节　估计方法选择

在对变量进行多重共线性和平稳性检验以后，还需要选择合适的估计方法才能得出最终的回归结果。由于面板模型对样本数据的方差极为敏感，行业面板数据会因为不同行业规模差异往往存在较严重的异方差，并且面板数据存在自相关问题也不容忽视（綦建红和陈小亮，2011）。为了得到比较科学合理的回归结果，需要在正式做回归分析之前对数据进行固定效应和随机效应选择检验、面板数据异方差检验、面板数据自相关检验、面板数据截面相关检验，在这些检验结果的基础上选择科学的估计方法来进行回归分析。

一、固定效应和随机效应选择

首先要判断面板数据适合固定效应还是随机效应，这是面板数据异方差检验、面板数据自相关检验、面板数据截面相关检验的前提。选取本研究的样本数据进行模型的固定效应和随机效应检验，检验结果如表 5.4 所列。从表 5.4 可知，未加控制变量和加入控制变量后，Hausman 检验 chi2 值对应的结果显示 P 值为 0.0000，拒绝了原假设，我们认为固定效应模型更优。

表5.4　Hausman检验结果

	卡方值	*P*值
未加控制变量	chi2(4)=(b−B)'[(*V_b*−*V_B*)^(−1)](b−B) =43.80	Prob>chi2 =0.0000
加入控制变量	chi2(8)=(b−B)'[(*V_b*−*V_B*)^(−1)](b−B) =50.99	Prob>chi2 =0.0000

二、面板数据异方差、序列相关、截面相关检验

在通过固定效应和随机效应检验以后，确定了固定效应模型更优。但是要估计一个科学的数值还远远不够，需要对面板数据异方差、序列相关、截面相关进行检验，在这些检验的基础上确定合适的估计方法。

（一）面板数据异方差检验

在固定效应模型下，对本研究涉及的面板数据进行异方差检验，结果如表 5.5 所列。从面板数据异方差检验结果可知，未加入控制变量和加入控制变量以后的结果，chi2 分别为 5888.98 和 1680.44，对应 *P* 值均为 0，均拒绝原假设，表明本研究涉及的面板数据变量存在异方差。

表5.5　面板数据异方差检验

	卡方值	*P*值
未加控制变量	chi2 (30)=5888.98	Prob>chi2 =0.0000
加入控制变量	chi2 (30)=1680.44	Prob>chi2 =0.0000

（二）序列相关检验

在固定效应模型下，采用 Wooldridge 法对不加入控制变量和加入控制变量模型进行检验。从表 5.6 关于面板数据序列相关检验结果可知，未加入控制变量和加入控制变量以后的结果，对应 *P* 值分别为 0.0052 和 0.0131，均小于 0.05，拒绝原假设，表明本研究涉及的面板数据变量存在序列相关。

表5.6 面板数据序列相关检验

	F值	P值
未加控制变量	$F(1,29)=9.115$	Prob>F=0.0052
加入控制变量	$F(1,29)=6.991$	Prob>F=0.0131

（三）截面相关检验

由面板数据截面相关检验结果可知，未加入控制变量和加入控制变量以后的结果对应值分别为14.286和2.494，均大于alpha=0.01时对应的数值，拒绝原假设，表明本研究涉及的面板数据变量存在截面相关。

（四）DWH内生性检验

为检验面板数据回归模型是否存在内生性问题，参考刘信恒（2020）选取核心解释变量滞后一期作为工具变量的做法，本研究中选择资本集聚度滞后一期作为工具变量，进行DWH检验，结果显示：Durbin (score) chi2(1) = 0.588456 (p=0.4430)；Wu–Hausman F(1,320) = 0.571644 (p=0.4502)，可见P值均大于0.1，无法拒绝原假设，认为面板数据回归模型不存在内生性问题。

综合以上的相关检验结果，可以初步判断本研究涉及的面板数据存在异方差、序列相关、截面相关。考虑到存在截面相关时，有FGLS(面板数据广义最小二乘回归）和PCSE(面板校准标准误回归）两种估计方法可以选择。虽然FGLS可以适用于同时解决以上三个方面的问题，但是它的使用条件是必须时间T>截面单位N。参考姜宝等（2015）的研究结论，当T<N时采用FGLS进行参数估计的标准差不能完全反映面板数据模型的变异情况，因此不能估计出相应的结果。因为本研究中时间跨度12小于截面单位30，所以本研究中选择PCSE方法进行估计。关于PCSE方法的适用性问题，《Stata纵向数据/面板数据参考手册》中做出了相关解释。

第四节 实证结果与分析

面板PCSE回归结果如表5.7所列。

表5.7 面板校准标准误回归结果

自变量	模型1		模型2	
	系数	P>|Z|	系数	P>|Z|
RC	1.6703*	0.091	2.6284**	0.013
ZB	6.1821***	0.000	2.6268**	0.036
JSGZ	−0.2389	0.604	−0.2727	0.568
YJJS	0.7253**	0.032	0.7459**	0.026
gdpzs			−0.0588	0.681
czh			12.7790**	0.0111
xxh			15.5425***	0.000
gvn			−11.3223	0.737
_con	18.8221***	0.000	15.1164	0.374
N	360		360	
	R−squared=0.2632		R−squared= 0.5725	
	Wald chi2(2)=44.72		Wald chi2(2)=197.75	
	Prob>chi2=0.0000		Prob>chi2=0.0000	

注：*、**、*** 分别表示 $p<10\%$、$p<5\%$、$p<1\%$。

表 5.7 中，模型 1 和模型 2 分别表示未加入控制变量的 PCSE 回归结果和加入控制变量后的 PCSE 回归结果。从模型 1 来看，Wald chi2(2)=44.72，Prob>chi2=0.0000；从模型 2 来看，Wald chi2(2)=197.75，Prob>chi2=0.0000，说明模型 1 和模型 2 整体拟合效果较好。加入控制变量后回归 R−squared 为 0.5725，未加入控制变量回归的 R−squared 为 0.2632，说明加入控制变量后模型的解释力更强。

从模型 1 来看，主要结论如下。

（1）人才要素集聚度（*RC*）在 10% 的统计学显著性水平下通过了检验，并且符号为正，说明现阶段人才要素集聚度的提升对我国制造业高质量发展具有正向的促进作用。制造业高质量发展，需要以先进制造业、高新技术产业为引领，同时也要有高水平的科技人才作为支撑，人才创新要素集聚更有利于促进区域人才优势转化，使企业能够方便获得范围经济收益（张鑫和孔庆茂，2007）。前文研究表明，创新人才的过度集聚会对制造业高质量发展产生抑制作用，就目前而言，创新人才需求趋于饱和的地区尚属少数，因而创新要素集聚总体上对制造业高质量发展产生促进作用。

（2）资本要素集聚度（*ZB*）在1%的统计学显著性水平下通过了检验，并且符号为正，说明现阶段资本要素集聚度的提升对我国制造业高质量发展具有正向的促进作用。相对于人才和技术要素而言，资本要素对市场的反应最为敏捷，其集聚和扩散的速度也最快，各地区在资本要素集聚上的差异相对较少，因而其集聚度提升的难度也最大。资本要素集聚度的小幅度提升，意味着各地政府及相关企业背后付出更大努力，因而在本研究中资本要素集聚度对制造业高质量发展的影响不仅为正而且也最为显著，同时也表明现阶段制造业高质量发展水平的提升仍需要投入大量的资金。

（3）技术改造集聚度（*JSGZ*）对制造业高质量发展水平的提升作用不显著。这一结论似乎与我国近年来高度重视企业技术改造的事实不符，例如早在2012年国务院就发布了《关于促进企业技术改造的指导意见》，各项技术改造支持政策在淘汰落后产能、促进技术进步等方面起到了积极作用。进一步研究发现，现阶段大部分企业技术改造追求渐进式优化得多，例如对款式、种类的改造，而对市场所需的功能性改造和实质性创新突破较少（马晶梅和赵文婧，2021），本研究对制造业高质量发展的评价涵盖了经济效益、技术创新和绿色发展等多个方面，渐进式优化的技术改造对经济效益提升方面可能存在正向作用，但对技术创新和绿色发展的促进作用不明显，甚至会出现相反的效果。另有研究表明，技术改造对国外技术引进和国内技术购买的影响均显著为负（徐斌，2019），因此技术改造集聚会对国外技术引进产生负向作用，进而间接影响了制造业高质量发展。技术改造集聚影响制造业高质量发展是否存在门槛效应，后续将进一步检验。

（4）引进技术集聚度（*YJJS*）在5%的统计学显著性水平下通过了检验，并且符号为正，说明现阶段引进技术集聚度的提升对我国制造业高质量发展具有正向的促进作用。学术界关于引进技术对制造业发展的影响，主要包括正向作用（Katrak，2010；周新苗和唐绍祥，2011；唐未兵等，2014）、抑制作用（彭峰和李燕萍，2013）、非线性以及不确定（Berchicci，2013；马永军等2021）等观点。引进技术集聚度与单纯的引进技术的区别在于，前者是相对值、后者是绝对值，引进技术集聚度的提升意味着该地区在引进技术上相对于其他地区力度更大，体现了区域内创新主体对引进技术的重视程度，当前我国总体上处于要素驱动向创新驱动的转型阶段，对引进技术的重视无疑会对制造业高质量发展产生积极作用。

从模型 2 结果来看，加入控制变量后，人才、资本、引进技术三种要素集聚度的提升均对制造业高质量发展有正向促进作用，这与模型 1 的结论是一致的，人才、引进技术两种创新要素集聚度提升对制造业高质量发展的影响强度较模型 1 更甚，来自资本要素集聚度方面的影响相比模型 1 稍有减弱，但依然比较显著。由此说明，加入控制变量后模型的解释力更强。控制变量中的城镇化水平（*czh*）、信息化水平（*xxh*）分别在 5%、1% 的统计学显著性水平下通过了检验，并且符号为正，说明现阶段城镇化和信息化水平的提升对我国制造业高质量发展具有正向的促进作用；经济发展水平（*gdpzs*）和政府行为（*gvn*）对制造业高质量发展的作用不够显著。具体分析如下。

（1）城镇化的快速发展吸引大量劳动人口向城镇聚集，为制造企业提供了充足的人才要素保障，近年来纷纷上演的“抢人大战”无不体现了各地政府对人才的高度重视。除此之外，城镇化发展有利于市场需求的充分释放，从而为制造企业发展提供了市场空间。例如：刘升学等（2019）实证检验了制造业集聚与城镇化存在长期稳定的关系；陈英哲（2017）研究表明新型城镇化建设总体上促进了本省制造业结构升级，且作用效果比较显著。

（2）信息化是促进制造业高质量发展的重要手段，具体而言，无论是经济指标上的降本增效，还是创新指标上的技术变革，或是绿色发展指标上的节能降耗都离不开信息技术手段这一重要支撑；同时，信息化水平本身就是制造业高质量发展的重要内容。信息化水平的提高有利于先进制造技术、先进管理经验的扩散和渗透，这不仅能提升制造企业的生产效率，同时在制造业经济绩效、产业创新能力、产业优化升级方面均发挥着重要作用（陈涵乐，2018）。

（3）经济发展水平和政府行为对制造业高质量发展的影响作用不显著，一方面可能因为这两项指标并未对制造业产生直接作用；另一方面，在本研究中，评价制造业高质量发展的指标涉及多个方面，其中经济发展水平仅与效益指标间接相关，而本研究中将教育和科技支出的 GDP 占比作为政府行为的代理变量，可见政府行为方面并非直接探讨两项支出对制造业发展的影响，此番考虑主要是为了与资本要素方面进行有效区分。

通过对本研究涉及的变量数据共线性、平稳性、异方差、序列相关、截面相关等检验后，最终选定 PCSE 来估计回归结果。运用 PCSE 模型研究创新要素集聚对制造业高质量发展的影响，结果表明，现阶段人才要素集聚、资本要素集聚和引进技术集聚对我国制造业高质量水平的提升具有显著的促进作用；技术改造集聚对制造业高质量发展水平的提升作用不明显。核心解释变量在加入控制变量后的回归模型与未加入控制变量的回归模型均有正向且显著的统计学意义，结果具有一致性，进一步验证了本回归结果的可靠性。

第五节　门槛效应检验

前文中的研究显示，技术改造集聚影响制造业高质量发展的回归结果显示为不显著，这与我们的认识存在一定偏差，作者认为可能是存在门槛效应所致。为此，以下将进一步探究技术改造集聚对制造业高质量发展是否存在门槛效应。

一、模型设定

由于本研究为面板数据，所以采用面板门限回归模型进行相关研究。参考潘明明等（2017）相关成果，模型形式及检验过程如下。

1. 门限回归模型的基本形式为

$$z_i = \emptyset_1' x_i + e_i \quad (q_i \leqslant \gamma) \tag{5.2}$$

$$z_i = \emptyset_2' x_i + e_i \quad (q_i > \gamma) \tag{5.3}$$

其中，x_i 为自变量，q_i 是门槛变量。模型 5.2 和 5.3 的统一形式为：

$$z_i = \emptyset' x_i + \delta_n' x_i(\gamma) + e_i \tag{5.4}$$

其中，$x_i(\gamma)=x_i d_i(\gamma)$，{d} 为指示函数，$d(\gamma)=\{q_i \leqslant \gamma\}$，$\emptyset = \emptyset 2$，$\delta n= \emptyset 2- \emptyset 1$。将模型 5.4 改写为矩阵形式如下：

$$Z = \emptyset X + \delta_n X(\gamma) + e \text{（}\emptyset\text{、}\delta\delta_n\text{、}\gamma\text{为待估计参数）} \tag{5.5}$$

根据条件最小二乘法，采用$X_\gamma^* = [XX_r]$对 Z 进行回归，得到：

$S_n(\gamma) = S_n(\emptyset(\gamma), \delta(\gamma), \gamma) = Z'Z - Z'X_\gamma^*(X_\gamma^{*\prime}X_\gamma^*)^{-1}X_\gamma^{*\prime}Y$，门槛值就是使 $Sn(\gamma)$ 最小时的 γ。

在门槛变量测算中，汉森将每一个相对独立的观测值都视为可能的门槛值，并根据$S_n(\gamma)$最小获得其他各项参数（汉森，2000）。扩展单门槛模型可得到多门槛模型。

2. 显著性检验

门槛模型显著性检验零假设为 H0 : $\emptyset 1 = \emptyset 2$，表示不存在使参数显著不同的门槛。LM统计量如下：

$$L = n\frac{s_0 - s_n(\gamma^*)}{s_n(\gamma^*)} \tag{5.6}$$

其中，S_0 为零假设下残差平方和，LM 统计量通过 Bootstrap P 值衡量。该方法将通过模拟数据形成的变量序列产生的概率值 P 作为检验工具。

二、变量选择及说明

本部分内容涉及的变量与前文面板数据回归模型一致。从前文的相关检验可知，固定效应模型更优，参考王群勇（2015）相关方法，本部分门槛变量为技术改造，考虑到引进技术和技术改造同为技术相关变量，在此将引进技术集聚度设置为门限变量的相关变量，rx(varlist)。在门槛回归模型中，门槛变量是核心解释变量，其他的变量则为门槛效应模型的控制变量。

三、回归过程与结果分析

（一）门槛效应检验

首先对技术改造集聚是否存在门槛效应及门槛个数进行检验，以确定模型的具体形式，并采用 Bootstrap 300 次的方法依次计算单一门槛、双重门槛和三重门槛对应模型估计值的 P 值。由表 5.8 检验结果可知，技术改造集聚单一门槛效应在 10% 的显著性水平下通过显著性检验，但双重门槛效应和三重门槛效应均未通过显著性检验。由此可以判断，技术改造集聚存在单一门槛效应。

表5.8 门槛效应检验结果

变量	模型	F值	P值	Bootstrap	临界值		
					10%	5%	1%
技术改造集聚度	单一门槛	15.39*	0.0767	300	14.6501	17.8409	26.5149
	双重门槛	5.09	0.5633	300	15.7002	20.2361	36.3464
	三重门槛	5.72	0.6467	300	15.8853	19.8351	25.0377

（二）门槛值检验和门槛区间划分

在前文中确定门槛效应和门槛数后，需进一步估计和检验门槛模型的门槛值，在这一部分的内容中对技术改造集聚的单一门槛值进行估计。通过检验可知，技术改造集聚的门槛值为 0.8034，分布在 [0.7887，0.8067] 且通过显著性检验。

（三）门槛效应模型估计结果

由表 5.9 可知，技术改造集聚在低于门限值 0.8034 时和大于 0.8034 时，对制造业高质量发展的影响系数分别为 –0.4870（不显著）和 0.5859（1% 的显著性水平下显著）。这说明技术改造集聚度低于 0.8034 时对制造业高质量的发展作用不显著，高于 0.8034 时对制造业高质量发展具有积极的正向促进作用。技术改造集聚的门槛模型估计结果中，人才要素集聚度作为控制变量之一，在此处不显著，可能的原因是在 PCSE 模型中分别通过的是 10% 和 5% 的显著性检验，而不是 1% 显著性水平下通过检验，但这并不影响技术改造集聚对制造业高质量发展存在门槛效应的判断。

表5.9　技术改造集聚的门槛模型估计结果

GZL	Coef.	Std. Err.	P>|t|
RC	−1.6949	1.2313	0.170
ZB	3.3100*	1.6934	0.051
gdps	−0.3792***	0.1238	0.002
czh	−21.1147***	7.3608	0.004
xxh	19.4867***	1.6564	0.000
gvn	3.0558	34.3330	0.929
YJJS			
0	−0.4870	0.3324	0.144
1	0.5859***	0.1894	0.002
_cons	69.91929***	15.47662	0.000
N=360	*F*(8,322) = 84.70	Prob > *F* = 0.0000	R−sq: within=0.6779

注：*、**、*** 分别表示 $p<10\%$、$p<5\%$、$p<1\%$。

第六章　创新要素集聚影响制造业高质量发展异质性分析

第五章就创新要素集聚影响制造业高质量发展进行了基准回归分析，进一步而言，不同时期、不同区域可能表现出不同的影响特征，存在时间和空间上的异质性。基于此，本部分将对创新要素集聚影响制造业高质量发展进行时间异质性分析和区域异质性分析。数据来源和模型设定与第五章相同。

第一节　时间异质性分析

考虑到不同时期国家战略定位、企业发展重点和发展目标的差异性，为了更好地检验不同时间阶段创新要素集聚对制造业高质量发展的影响，本节将研究时间分为"十三五"以前（2008—2015 年）和"十三五"期间（2016—2019 年）两个阶段，以期更加准确地了解两者间的影响规律。

一、时间分段的主要考虑因素

2008 年全面爆发的金融危机暴露了"产业空心化"的种种弊端，此后发达国家"再工业化"以及发展中国家制造业转型升级被提到了空前高度。如果说 2008 年是 21 世纪制造业重整的元年，那么 2015、2016 年应该是中国制造业高质量发展的转折点。以"十二五"和"十三五"两个国家级规划纲要为例，"十二五规划"先后 9 次提到制造业、116 次提到创新，关于制造业的内容主要包括信息化、核心竞争力、由大变强、先进制造业基地等；"十三五规划"对制造业和创新的关注频次分别为 14 次和 207 次，其中关于制造业的内容主要包括创新能力和基础能力、信息技术与制造技术深度融合、培育先进制造业中心以及高端、智能、绿色等。比较发现，"十三五"期间国家关于制造业发展的方向和重点更加清晰，措施也更加具体，并将创新、智能、绿色等指标纳入发展范畴，这与本研究在制造业高质量发展测度指标设计上是一致的。

"十三五"期间为引领制造业高质量发展，国家及各部委先后发布了《中国制造 2025》(国发〔2015〕28 号)、《国务院关于深化制造业与互联网融合发展的指导意见》(国发〔2016〕28 号)、《智能制造发展规划(2016—2020 年)》《工业绿色发展规划(2016—2020 年)》以及《增强制造业核心竞争力三年行动计划(2018—2020 年)》等。从现实效果来看,来自工信部的数据表明:2016—2019 年,全国工业增加值由 24.54 万亿元跃升至 31.71 万亿元,年均增长 5.9%,而同期世界工业年均增速仅为 2.9%。2019 年,中国制造业增加值全球占比为 28.1%,比 2015 年增加 1.8 个百分点。因此,将“十三五”期间制造业发展情况与其他时期分开来独立研究十分必要。

二、共线性与平稳性检验

参照第五章的做法,相关检验和回归结果使用 Stata 16.1 软件得出。

(一)共线性检验

由表 6.1 方差膨胀因子检验结果可知,本研究中选择的变量在 2008—2015 年的 VIF 值最大的为 *ZB* 变量的 5.53,最小的为 *JSGZ* 变量的 1.17,所有变量 VIF 值均小于 10,平均为 2.82,可以判断以上变量之间不存在多重共线性。

由表 6.2 方差膨胀因子检验结果可知,本研究中选择的变量在 2016—2019 年的 VIF 值最大的为 *ZB* 变量的 9.90,最小的为 *JSGZ* 变量的 1.53,所有的变量 VIF 值均小于 10,平均为 3.92,可以判断以上变量之间不存在多重共线性。

表6.1 2008—2015年方差膨胀因子检验结果

变量	VIF	1/VIF
RC	4.33	0.231036
ZB	5.53	0.180721
JSGZ	1.17	0.852407
YJJS	1.48	0.673948
gdpzs	1.77	0.564705
czh	3.95	0.253473
xxh	2.75	0.363001
gvn	1.61	0.620905
Mean VIF	2.82	

表6.2　2016-2019年方差膨胀因子检验结果

变量	VIF	1/VIF
RC	8.59	0.116439
ZB	9.90	0.100967
JSGZ	1.53	0.653595
YJJS	2.10	0.476292
gdpzs	1.74	0.573323
czh	3.65	0.273744
xxh	1.99	0.502943
gvn	1.86	0.538284
Mean VIF	3.92	

（二）平稳性检验

根据前文的面板单位根检验方法以及单位根检验判断原则，从表6.3可见，本部分涉及的变量均至少在两种检验中是平稳的，可以判定本研究涉及的变量均是平稳序列，可进行下一步的研究。

表6.3　2008—2015年各变量的面板单位根检验结果

变量		*GZL*	*RC*	*ZB*	*JSGZ*	*YJJS*	*gdpzs*	*czh*	*xxh*	*gvn*
LLC检验	统计量	−10.8378	−22.8108	−35.2106	15.0277	−35.6741	−10.5943	−45.3769	−8.0557	−9.7543
	*P*值	0.0000	0.0000	0.0000	0.0000	0.0002	0.0000	0.0000	0.0000	0.0000
	平稳性判断	平稳	平稳	平稳	平稳	平稳	平稳	平稳	平稳	平稳
HT检验	统计量	−0.0607	0.1466	0.5416	−0.0640	0.0147	0.0869	0.3174	−0.1127	0.1194
	*P*值	0.0000	0.0856	0.0199	0.0000	0.0009	0.0154	0.8137	0.0000	0.0420
	平稳性判断	平稳	平稳	平稳	平稳	平稳	平稳	不平稳	平稳	平稳

续表

变量		GZL	RC	ZB	JSGZ	YJJS	gdpzs	czh	xxh	gvn
IPS检验	统计量	−3.7862	−3.1369	−8.8963	−3.2309	−2.9113	−3.0269	−23.2881	−2.1510	−1.5151
	*P*值	0.0001	0.0009	0.0000	0.0006	0.0018	0.0012	0.0000	0.0157	0.0649
	平稳性判断	平稳	平稳	平稳	平稳	平稳	平稳	平稳	平稳	平稳

由于2016—2019年仅有4年的数据，时间跨度较短，省略数据的平稳性检验。

三、估计方法选择

（一）固定效应和随机效应选择

首先要判断面板数据适合固定效应还是随机效应，这是面板数据异方差检验、面板数据自相关检验、面板数据截面相关检验的前提。选取本研究的样本数据进行模型的固定效应和随机效应检验，2008—2015年检验结果显示，未加入控制变量和加入控制变量后，Hausman检验chi2值对应的结果显示*P*值分别为0.0000和0.0016；2016—2019年检验结果显示，未加入控制变量和加入控制变量后，Hausman检验chi2值对应的结果显示*P*值分别为0.0000和0.0115。可见，以上均拒绝了原假设，因此认定固定效应模型更优。

（二）面板数据异方差、序列相关、截面相关检验

在通过固定效应和随机效应检验以后，确定了固定效应模型更优。但需要进一步对面板数据进行异方差、序列相关、截面相关检验，在这些检验的基础上确定合适的估计方法。

1. 面板数据异方差检验

在固定效应模型下，对本研究涉及的面板数据进行异方差检验，结果表明：2008—2015年，未加入控制变量和加入控制变量以后的结果，chi2分别为1132.43和1220.58，对应*P*值均为0；2016—2019年，未加入控制变量和加入控制变量以后的结果，chi2分别为2946.59和1.4e+06，对应*P*值均为0。可见，均拒绝原假设，表明本研究涉及的面板数据变量存在异方差。

2. 序列相关检验

在固定效应模型下，采用Wooldridge法对2008—2015年面板数据序列相关进行检验，分别进行不加入控制变量和加入控制变量模型的检验。从表6.4关于

面板数据序列相关检验结果可知，未加入控制变量和加入控制变量以后的结果，对应 *P* 值分别为 0.0000 和 0.0001，均小于 0.05，拒绝原假设，表明本研究涉及的面板数据变量存在序列相关。

表6.4 2008—2015年面板数据序列相关检验

	*F*值	*P*值
未加控制变量	*F*(1,29)=42.719	Prob>*F*=0.0000
加入控制变量	*F*(1,29)=20.635	Prob>F=0.0001

表 6.5，2016—2019 年面板数据序列相关检验结果显示，未加入控制变量和加入控制变量以后的结果，对应 P 值分别为 0.0000 和 0.0001，均小于 0.05，拒绝原假设，表明本研究涉及的面板数据变量存在序列相关。

表6.5 2016—2019年面板数据序列相关检验

	*F*值	*P*值
未加控制变量	*F*(1,29)= 18.506	Prob>*F*=0.0002
加入控制变量	*F*(1,29)= 23.414	Prob>*F*=0.0000

3. 截面相关检验

2008—2015 年截面相关检验结果表明，未加入控制变量和加入控制变量以后的结果对应值分别为 10.110 和 1.159，均大于 alpha=0.01 时对应的数值；同样，2016—2019 年截面相关检验结果显示，未加入控制变量和加入控制变量以后的结果对应值分别为 5.324 和 1.926，均大于 alpha=0.01 时对应的数值。以上均拒绝原假设，表明本研究涉及的面板数据变量存在截面相关。

通过以上分析，本部分的实证分析符合前文关于面板 PCSE 模型的选择条件，对 2008—2015 年和 2016—2019 年的相关实证分析，继续采用 PCSE 模型进行回归，并进行相应的分析。

四、实证结果与分析

（一）2008—2015年回归结果分析

表 6.6 中，模型 3 和模型 4 分别表示未加控制变量和加入控制变量后 2008—2015 年创新要素集聚对制造业高质量发展影响的实证结果。对比两个模型的

R-squared 可知，加入控制变量后模型的拟合效果更好，解释力更强。

从模型 3 来看，资本要素集聚和引进技术集聚均通过了统计学 1% 的显著性检验，表明两者对制造业高质量发展具有正向促进作用。技术改造集聚对制造业高质量发展具有负向作用。人才要素集聚对制造业高质量发展的影响没有通过统计学显著性检验。

从模型 4 来看，人才要素集聚、资本要素集聚、技术改造集聚分别通过了统计学 1%、5%、1% 的显著性检验，并且符号为正，表明在 2008—2015 年以上三个因素对制造业高质量发展具有正向的促进作用。引进技术集聚没有通过统计学显著性检验。控制变量中的城镇化水平、信息化水平以及政府行为分别在 1%、1%、10% 的统计学显著性水平下通过了检验，表明以上三个因素对制造业高质量发展具有显著的促进作用。

表6.6 2008—2015年面板校准标准误回归结果

自变量	模型3		模型4	
	系数	P>|Z|	系数	P>|Z|
RC	0.7089	0.641	1.9559***	0.002
ZB	9.7472***	0.000	2.6862**	0.022
JSGZ	−2.0637**	0.001	0.6141***	0.000
YJJS	2.5332***	0.000	−0.8020	0.109
gdpzs			−0.2388	0.883
czh			12.3170***	0.001
xxh			11.4352***	0.000
gvn			3.2619*	0.072
_con	21.2997***	0.000	34.3030	0.025
N	360		360	
	R-squared =0.9339		R-squared=0.9530	
	Wald chi2(2)= 201.79		Wald chi2(2)=1491.99	
	Prob>chi2=0.0000		Prob>chi2=0.0000	

注：*、**、*** 分别表示 $p<10\%$、$p<5\%$、$p<1\%$。

（二）2016—2019年回归结果分析

表6.7中，模型5和模型6分别表示未加控制变量和加入控制变量后2016—2019年创新要素集聚对制造业高质量发展影响的实证结果。对比两个模型的R-squared可知，加入控制变量后模型的R-squared提升至0.8822，说明加入控制变量后模型拟合效果更好，解释力更强。

从模型5来看，资本要素集聚和引进技术集聚均通过了统计学1%的显著性检验，表明两者对制造业高质量发展具有正向的促进作用。技术改造集聚通过了统计学1%的显著性检验，但作用效果是负向的。

从模型6来看，资本要素集聚和引进技术集聚分别通过了统计学5%、1%的显著性检验，表明两者对制造业高质量发展具有正向激励作用。技术改造集聚由模型5中的显著负相关变成了不显著，这说明技术改造集聚对更高质量的制造业发展作用不明显。经济发展水平、城镇化水平及信息化水平分别通过了5%、1%、1%统计学显著性检验，并且符号为正。表明这三个因素对制造业的高质量发展具有显著的促进作用。其中经济增长对制造业高质量发展的正向作用可以理解为各省份经济增长越快对当地的制造业高质量发展越有利，高质量发展背景下的经济增长更多体现了创新、绿色等内容，代表着更好的发展动能和良好的发展潜力。

表6.7 2016—2019年面板校准标准误回归结果

自变量	模型5		模型6	
	系数	P>|Z|	系数	P>|Z|
RC	1.3617	0.423	0.6448	0.661
ZB	9.3641***	0.0002	5.2703**	0.033
JSGZ	−2.2827***	0.000	−0.9044	0.135
YJJS	2.5536***	0.000	0.9628***	0.004
gdpzs			0.8181**	0.011
czh			28.8860***	0.000
xxh			18.3642***	0.000
gvn			5.4339	0.882
_con	22.0526***	0.000	−90.4545**	0.014

续表

自变量	模型5		模型6	
	系数	$P>\|Z\|$	系数	$P>\|Z\|$
N	360		360	
	R-squared =0.8705		R-squared=0.8822	
	Wald chi2(2)=193.23		Wald chi2(2)=1483.32	
	Prob>chi2=0.0000		Prob>chi2=0.0000	

注：*、**、*** 分别表示 $p<10\%$、$p<5\%$、$p<1\%$。

（三）与基准回归的比较分析

为进一步理清各创新要素集聚对制造业高质量发展影响的异质性特征，将基准回归和时间分段回归结果进行比较，具体如表 6.8 所列。

表6.8　基准回归与时间分段回归结果比较

	2008—2015年（分段）			2016—2019年（分段）			2008—2019年（基准）		
	显著为正	显著为负	不显著	显著为正	显著为负	不显著	显著为正	显著为负	不显著
RC	√					√	√		
ZB	√			√			√		
JSGZ	√					√			√
YJJS			√	√			√		
gdpzs			√	√					√
czh	√			√			√		
xxh	√			√			√		
gvn	√					√			√

注：画“√”的选项表明对应的解释变量对被解释变量的影响效果。

表 6.8 显示，核心解释变量中：①“十三五”期间，人才要素集聚对制造业高质量发展影响不显著，可能与创新人才投入的滞后性有关，是否因为人才在某些制造业发达省份过度集聚导致要素边际报酬递减有待进一步考证。②资本要素集聚对制造业高质量发展的影响比较稳定，无论是分阶段还是总体上，均表

现出显著的正向影响，说明为促进制造业高质量发展，需进一步加大研发投入。③技术改造对制造业高质量发展的影响存在明显的阶段性特征，2008—2015 年表现为正向影响，而在 2016—2019 年和基准回归中影响不显著，结合前文的分析可能与技术改造集聚水平不高、实质性创新突破较少，越来越不适应制造业高质量发展的要求有关。④引进技术同样表现出阶段性特征，在 2008—2015 年影响不显著，而在 2016-2019 年和基准回归分析中对制造业高质量发展有显著影响，可能因为随着我国制造业发展水平的提升，在引进技术方面提出了更高的要求，引进技术的质量也得到了一定程度的提升。

在控制变量方面，城镇化、信息化始终保持显著的正向影响，信息化对制造业高质量发展的影响可从“十二五”的制造业信息化和“十三五”的制造业智能化发展要求中得以体现；城镇化一贯的显著正向影响，似乎与人才要素集聚的阶段性特征相矛盾，但仔细考察发现，城镇化发展的过程中伴随着人才要素的集聚，同时也包括政策优化、环境改善等内容。政府行为和经济发展对制造业发展的影响上同样表现出阶段性特征，其中经济发展水平仅在 2016—2019 年有显著正向影响，政府行为仅在 2008—2015 年有显著正向影响，分析原因可能与“十三五”更加重视经济发展质量有关。

第二节　区域异质性分析

本部分继续探讨不同区域创新要素集聚对制造业高质量发展影响的差异性，在区域划分方面参照国家统计局划分标准以及前人的研究经验，分别对东部地区、中部地区、西部地区进行研究。

一、共线性和平稳性检验

不同的区域划分会造成数据特征上的差异性，进而在估计方法选择上也会存在不同，因此在实证分析前，依然要对数据进行各种检验。

表6.9　方差膨胀因子检验结果

东部			中部			西部		
变量	VIF	1/VIF	变量	VIF	1/VIF	变量	VIF	1/VIF
RC	3.46	0.288928	*RC*	5.27	0.189798	*RC*	8.44	0.118482
ZB	4.32	0.231523	*ZB*	5.1	0.196117	*ZB*	7.49	0.133437

续表

东部			中部			西部		
变量	VIF	1/VIF	变量	VIF	1/VIF	变量	VIF	1/VIF
JSGZ	1.68	0.593751	*JSGZ*	2.08	0.480537	*JSGZ*	1.24	0.808335
YJJS	1.83	0.545419	*YJJS*	2.15	0.466003	*YJJS*	1.43	0.699546
gdpzs	2.29	0.436085	*gdpzs*	4.14	0.241413	*gdpzs*	3.06	0.326332
czh	2.59	0.386087	*czh*	3.84	0.260307	*czh*	3.42	0.29229
xxh	2.58	0.387799	*xxh*	3.84	0.260492	*xxh*	4.37	0.229084
gvn	1.78	0.561547	*gvn*	1.99	0.501812	*gvn*	2.22	0.451062
Mean VIF	2.57		Mean VIF	3.55		Mean VIF	3.96	

由表 6.9 方差膨胀因子检验结果可知，东部地区 VIF 值最大的是 ZB 变量，为 4.32；最小的为 *JSGZ* 变量，为 1.68；总体的平均值为 2.57，均小于 10。中部地区 VIF 值最大的是 *RC* 变量，为 5.27；最小的为 *gvn* 变量，为 1.99；总体的平均值为 3.55，均小于 10。西部地区 VIF 值最大的是 RC 变量，为 8.44；最小的为 *JSGZ* 变量，为 1.24；总体的平均值为 3.96，均小于 10。由以上检验数据可知，分地区来看，各变量不存在多重共线性。

本研究对各省份按照东部、中部、西部三个区域划分以后，所有区域均为大 T 小 N 类型（西部地区不包含西藏），因而需要采取不同的检验方法来进行平稳性检验。在前文中介绍过 HT 检验和 IPS 检验更多适用于大 N 小 T 类型，针对大 T 小 N 类型，采用 Phillips–Perron Fisher 检验和 Breitung 检验来进行替代。限于篇幅，检验结果不予列示。从检验情况来看，各区域各个变量的平稳性检验结果均符合三种方法至少两种为平稳的原则，可以判断分区域后各个变量均是平稳序列，可以进行进一步的研究。

二、面板数据异方差、序列相关、截面相关检验

固定效应和随机效应检验结果表明，东部地区固定效应模型更优，中部地区和西部地区随机效应更优。基于此，需要进一步对各地区的面板数据进行异方差、序列相关、截面相关检验，在这些检验的基础上确定合适的估计方法。

1. 面板数据异方差检验

考虑到东部地区采用固定效应模型更优，使用 xttest3 命令进行检验；中部和

西部地区均为随机效应更优，使用 xtgls 相关命令进行检验。结果均拒绝了原假设，说明所有地区的面板数据变量均存在异方差。

2. 序列相关检验

采用 Wooldridge 法对不加入控制变量和加入控制变量模型进行检验，结果表明，东部地区未加入控制变量和加入控制变量以后的结果，对应 *P* 值分别为 0.0003 和 0.0053，均小于 0.05，拒绝原假设，表明东部地区的面板数据变量存在序列相关。中部地区未加入控制变量和加入控制变量以后的结果，对应 *P* 值分别为 0.0024 和 0.0138，均小于 0.05，拒绝原假设，表明中部地区的面板数据变量存在序列相关。西部地区未加入控制变量和加入控制变量以后的结果，对应 P 值分别为 0.1646 和 0.4491，均大于 0.1，接受原假设，表明西部地区的面板数据变量不存在序相关。

3. 截面相关检验

截面相关检验有多种方法，参考 Rafael et al.（2006）相关方法，采用 xtcsd 不同的命令来进行检验。在本部分内容中固定效应模型使用 xtcsd，pesaran show 来检验，随机效应模型使用 xtcsd，friedman show abs 来检验。由前一部分的内容可知，东部地区应采用固定效应模型对应的命令检验，中部和西部则应选择随机效应对应的命令进行检验。检验结果表明，东部地区存在截面相关；中部和西部地区均是在未加入控制变量时存在截面相关，加入控制变量后不存在截面相关。

三、实证结果与分析

（一）东部地区

结合检验结果和数据特点，本部分选择使用 FGLS（广义最小二乘回归）方法来进行估计。回归结果如表 6.10 所列。

表6.10 东部地区回归结果

自变量	模型1		模型2	
	系数	$P>\|Z\|$	系数	$P>\|Z\|$
RC	3.8837**	0.015	3.2572**	0.001
ZB	2.0556	0.356	5.4130**	0.000
JSGZ	–3.7057**	0.034	–5.4342***	0.000
YJJS	2.7739***	0.000	2.3114**	0.000

续表

自变量	模型1		模型2	
	系数	P>|Z|	系数	P>|Z|
gdpzs			0.0299	0.882
czh			-1.1338**	0.767
xxh			25.9807***	0.000
gvn			97.7728***	0.034
_con	23.0678***	0.000	4.8132	0.832
N	132		132	
	Log likelihood=-450.8169		Log likelihood=-360.9199	
	Wald chi2(4)=62.73		Wald chi2(8)=628.30	
	Prob>chi2=0.0000		Prob>chi2=0.0000	

注：*、**、*** 分别表示 $p<10\%$、$p<5\%$、$p<1\%$。

从表 6.10 中的模型 1 来看，Wald chi2(4)=62.73，Prob>chi2=0.0000，说明模型整体的拟合效果较好。人才要素集聚和引进技术集聚分别在 5% 和 1% 的显著性水平下对制造业高质量发展起到了正向的影响。技术改造则在 5% 的显著性水平下抑制了制造业高质量发展。资本要素集聚作用不显著。

从加入控制变量后的模型 2 来看，Wald chi2(8)=628.30，Prob>chi2=0.0000，表明模型 2 的拟合效果较好。人才要素集聚、资本要素集聚和引进技术集聚均在 5% 的显著性水平下对东部地区制造业高质量发展起到正向影响。技术改造则在 1% 的显著性水平下抑制了东部地区制造业高质量发展。资本创新要素的作用比模型 1 要更为显著，说明模型 2 比模型 1 要更好。控制变量中的信息化发展水平、政府行为对东部制造业高质量发展具有显著的促进作用，城镇化发展则抑制了东部地区的制造业高质量发展。当前，我国制造业正处于信息化普及和智能化发展的关键期，东部地区凭借良好的信息基础设施，充分发挥了现代信息手段在制造业高质量发展中的积极作用。政府行为对东部地区制造业高质量发展发挥出了相应的作用。东部地区的城镇化发展抑制了制造业的高质量发展，可能的原因是东部地区城镇化已经达到了一个比较高的水平，农村居民进入城镇生活的门槛变高，居住和生活成本变高，导致东部地区城镇化不能为制造业的发展提供可持续的人力资源；加之东部地区近年来时常出现“用工荒”，进一步反映了类似的问题。

（二）中部地区

鉴于中部地区的面板数据存在异方差、序列相关，在未加入控制变量时存在截面相关，加入控制变量后不存在截面相关，结合中部地区数据大 T 小 N 的特点，本部分分别选择使用 *FGLS*（广义最小二乘回归）和时间随机效应稳健标准误回归来进行估计。在不存在截面相关时更多地使用稳健标准误来估计回归模型。在稳健标准误回归时，研究发现使用传统的随机效应回归得出 sigma_u=0，这表明中部地区的面板数据回归不存在个体固定效应，所以本部分回归分析选择时间随机效应稳健标准误模型进行回归。回归结果如表 6.11 所列。

表6.11 中部地区回归结果

自变量	模型3		模型4	
	系数	*P*>|*Z*|	系数	*P*>|*Z*|
RC	2.5098	0.111	4.4022**	0.047
ZB	7.0666***	0.002	14.4993***	0.000
JSGZ	0.5160**	0.034	1.6741***	0.000
YJJS	−0.6062***	0.007	−1.3578***	0.000
gdpzs			−0.4077***	0.004
czh			16.5313***	0.003
xxh			9.1554***	0.001
gvn			−118.6679**	0.027
_con	15.0207***	0.000	45.6928*	0.008
N	96		96	
	Wald chi2(4)=55.36		R−squared: overall = 0.8016	
	Prob>chi2=0.0000		Wald chi2(8) = 2564.66	
			Prob > chi2 = 0.0000	

注：*、**、*** 分别表示 $p<10\%$、$p<5\%$、$p<1\%$。

从回归模型 3 可知，Wald chi2(4)=55.36，Prob>chi2=0.0000，说明模型拟合较好。在未加入控制变量时，资本要素集聚和技术改造集聚分别在 1% 和 5% 显著性水平下对中部地区制造业高质量发展具有促进作用。引进技术集聚在 1% 的显著性水平下对中部地区制造业高质量发展具有抑制作用。人才要素集聚对中部地区制造业高质量发展的影响不显著。

从回归模型 4 可知，R-squared: overall=0.8016，Wald chi2(8)=2564.66，Prob>chi2=0.0000 说明模型拟合较好。在加入控制变量后，核心解释变量中的资本要素集聚和技术改造集聚在 1% 显著性水平下对中部地区制造业高质量发展具有促进作用。人才要素集聚在 5% 的显著性水平下对中部地区制造业高质量发展具有促进作用。引进技术集聚在 1% 的显著性水平下对中部地区制造业高质量发展具有抑制作用。城镇化水平、信息化水平在 1% 的显著性水平下对中部地区制造业高质量发展具有促进作用。经济发展水平、政府行为分别在 1% 和 5% 的显著性水平下对中部地区制造业高质量发展具有抑制作用。

（三）西部地区

与中部地区类似，本部分选择使用 FGLS（广义最小二乘回归）和随机效应稳健标准误回归来进行估计，回归结果如表 6.12 所列。

表6.12　西部地区回归结果

自变量	模型5		模型6	
	系数	P>|Z|	系数	P>|Z|
RC	−2.0710	0.622	2.4834	0.608
ZB	8.1393	0.131	−4.8707	0.430
JSGZ	0.1422	0.819	0.9165	0.309
YJJS	0.6171	0.143	0.8050***	0.005
gdpzs			−0.5107*	0.072
czh			20.9682	0.211
xxh			5.5372	0.463
gvn			−54.6946**	0.022
_con	17.8849	0.000	4.8132**	0.012
N	132		132	
	Wald chi2(4)=6.95		R−squared: overall = 0.5495	
	Prob>chi2=0.1386		Wald chi2(8)=406.48	
			Prob>chi2=0.0000	

注：*、**、*** 分别表示 $p<10\%$、$p<5\%$、$p<1\%$。

从未加入控制变量的回归模型 5 可知，Wald chi2(4)=6.95，Prob>chi2=0.1386，说明模型拟合效果不佳，回归的结果也不理想。因此，在这一部分的相关分析时，重点参考加入控制变量后的模型 6 来进行分析。

从回归模型 6 可知，加入控制变量后，运用稳健标准误回归估计模型，R-squared: overall=0.5495，并且从 Wald chi2(8)=406.48，Prob>chi2=0.0000，可以发现模型 6 比模型 5 的拟合程度更好。在加入控制变量后，核心解释变量中的引进技术集聚在 1% 统计学显著性水平下对西部地区制造业高质量发展具有促进作用。这或许与当地制造业基础相对薄弱，创新能力方面主要依靠引进先进技术有关。经济发展、政府行为分别在 10% 和 5% 的统计学显著性水平下对西部地区制造业高质量发展存在一定的抑制作用。西部地区相对东部和中部而言，总体上制造业发展的基础和水平相对较低，并且农业相关产业在对经济增长的贡献中占有较大的比重，这些区域经济增长未能直接反映到制造行业，政府行为亦是如此。其他因素对西部地区制造业高质量发展的影响不显著。

（四）各区域回归结果比较分析

东部、中部、西部三个区域各自的回归结果体现出各种创新要素集聚及其他因素对制造业高质量发展的异质性影响。以下对回归结果进行进一步的比较分析，具体如表 6.13 所列。

表6.13　各区域回归结果比较

	东部			中部			西部		
	显著为正	显著为负	不显著	显著为正	显著为负	不显著	显著为正	显著为负	不显著
RC	√			√					√
ZB	√			√					√
JSGZ		√		√					√
YJJS	√						√		
gdpzs			√		√			√	
czh		√		√					√
xxh	√			√			√		
gvn	√				√			√	

注：画“√”的选项表明对应的解释变量对被解释变量的影响效果。

由表 6.13 可见，核心解释变量中：①人才要素集聚和资本要素集聚对东部和中部地区影响显著为正，对西部地区的影响不显著；②技术改造集聚对东部地区影响显著为负，对中部地区影响显著为正，对西部地区影响不显著；③引进技术集聚对东、西部地区影响显著为正，对中部地区影响显著为负。

控制变量的检验结果显示：①经济发展水平对东部地区影响不显著，对中部和西部地区影响显著为负；②城镇化水平对东部地区影响显著为负，对中部地区影响显著为正，对西部地区影响不显著；③信息化对所有地区影响均显著为正；④政府行为对东部地区影响显著为正，对中部和西部地区影响显著为负。

以上结论充分体现了创新要素集聚影响制造业高质量发展的空间异质属性，这一结果可能与东、中、西部地区制造业发展水平，各地区各要素集聚程度以及城镇化、信息化发展水平等有关。以上结论为后期提出针对性政策建议提供了现实依据。

第七章　创新要素集聚影响制造业高质量发展的空间溢出效应分析

随着知识技术的溢出效应与各城市间生产要素流动性的增强，经济要素地理集聚在经济增长中的表现越来越突出。地理学第一定律表明，一切事物都与其他事物相关，越是距离相近的事物其关联性越强（托布勒，1970）。各地区创新要素的流动及集聚并非相互独立，某个地区的创新要素集聚可能会受到其周边地区的影响，因而增强了创新要素集聚的空间关联性（白俊红等，2017）。有研究表明，创新要素集聚度高的地区，其邻近地区往往也具有相似属性，而创新要素集聚度低的地区常常也在地理位置上邻近，创新要素集聚可通过空间溢出效应对周围地区产生技术外溢，从而影响邻近地区制造业的高质量发展水平。加强创新的空间溢出，以创新能力强的地区带动周边地区的创新水平和制造业发展是迫切需要研究和解决的问题。

为此，本章基于空间视角，结合前文对创新要素集聚和制造业高质量发展的测度，采用空间回归模型偏微分方法（勒萨热和佩斯，2009），构建面板空间杜宾模型，深入分析人才、资本、技术要素集聚及其空间溢出对制造业高质量发展水平的影响，度量其对制造业高质量发展的直接效应、间接效应和总效应，从空间维度丰富本研究对创新要素集聚与制造业高质量发展的关系认识。

第一节　空间计量模型的构建

20 世纪 20 年代，马歇尔提出知识溢出可以促进邻近企业技术和生产水平的提高，进而带动整个行业和区域的知识水平的上升，从而开启了空间溢出效应的研究。佩林克在 20 世纪 70 年代首次提出了空间经济计量学的概念（1979）。近 30 年间，随着计算机模拟技术的发展，在一大批学者的不懈努力下，空间经济计量领域发展迅速（王立平和任志安，2007）。

传统的计量经济模型严格遵循高斯 - 马尔科夫定理，认为观测到的变量均是独立的，不存在时间和空间上的相关性，并假定随机误差项满足 Cov(μi, μ j)=0。而空间计量模型由于考虑了空间异质性（Spatial Heterogeneity）和空间依存性（Spatial Autocorrelation），从而放松了无截面相关这一基本假定，引入了空间相关这一概念，将经济变量之间的空间影响考虑进来，并且通过构造空间权重矩阵来量化空间相关性的大小（汪文姣和陈志鸿，2013）。

一、空间权重矩阵

空间面板数据模型需要通过引入空间权重矩阵来反映空间单元之间的空间关联方式和关联程度。空间权重矩阵是通过定义一个二元对称 $n\times n$ 的矩阵来表达 n 个位置的空间单元的邻近关系。虽然空间权重矩阵的设定直接影响空间模型的估计，然而空间权重矩阵的设定具有一定的主观性，且并不存在最优的空间权重矩阵。当然，所有空间矩阵的构造必须满足"空间相关性随着'距离'的增加而减少"的原则。这里的"距离"可以是地理上的相邻或欧氏距离，也可以是反映合作关系远近的"经济距离"。从已有文献来看，常见的空间权重矩阵主要包括两大类：一类是基于地理位置构造的权重矩阵，如 Rook 邻接（即两地区有共同的边）、Queen 邻接（即两地区间有共同的边或顶点）、K-nearest 和距离倒数次方权重矩阵；另一类是基于社会经济因素构造的空间权重矩阵。

基于地理位置构造的权重矩阵比较直观，且能满足空间权重矩阵外生性假定；基于社会经济因素构造的权重矩阵虽然有较强的经济含义，但通常伴随内生性问题。因此，本研究选取 Queen 邻接空间权重矩阵 W_1 和距离倒数次方权重矩阵 W_2 开展研究。其中，空间邻接权重矩阵从最基本的空间概念出发，认为只要两地区空间上相邻则会产生一定的空间相互影响，其表达式如下：

$$\boldsymbol{W}_{1,ij}=\begin{cases}1 & i,j\text{相邻}\\0 & i,j\text{不相邻}\end{cases} \tag{7.1}$$

距离倒数次方权重矩阵也称为地理距离权重矩阵，该矩阵假定空间相互作用的强度与不同地区间的质心距离成反比，其数学表达式为：

$$\boldsymbol{W}_{2,ij}=\begin{cases}\frac{1}{\mathrm{d}_{ij}^2} & i\neq j\\0 & i=j\end{cases} \tag{7.2}$$

其中 d_{ij} 为地区 i 和 j 之间的质心距离。

二、空间自相关检验

运用空间计量模型进行估计的前提条件是研究对象的确具有空间集聚特征，因此进行模型选择和估计之前还必须进行空间相关性的检验，即判断被解释变量和核心解释变量在不同研究区域间是否存在空间相关性。只有通过了空间自相关检验，才有必要建立空间计量模型进行分析。

空间自相关检验主要包括全局空间自相关检验和局部空间自相关检验。全局空间自相关检验对所有地理单元在空间上的分布模式和分布特征进行整体测度，而局部空间自相关检验衡量的是部分地理单元在空间上的分布特征，测度值会随着地理单元位置的不同发生变化（李新忠和汪同三，2015）。Moran（1950）最早提出了检验回归模型空间自相关的 Moran′s I 检验，到目前为止，Moran′s I 检验和 Moran 散点图依然是使用最广泛的方法之一。

本研究采用 Moran′s I 指数来判断邻近地区制造业高质量发展水平是否有较明显的空间依赖性和空间集聚性，采用 Moran 散点图考察制造业高质量发展水平的空间依赖性是否存在区域差异。

全局 Moran′s I 的计算公式如下：

$$\text{Global Moran's I}=\frac{n\sum_{i=1}^{n}\sum_{j=1}^{n}W_{ij}\,(Y_i-\bar{Y})(Y_j-\bar{Y})}{\sum_{i=1}^{n}\sum_{j=1}^{n}W_{ij}\sum_{i=1}^{n}(Y_i-\bar{Y})^2}=\frac{\sum_{i=1}^{n}\sum_{j=1}^{n}W_{ij}(Y_i-\bar{Y})(Y_j-\bar{Y})}{S^2\sum_{i=1}^{n}\sum_{j=1}^{n}W_{ij}} \tag{7.3}$$

其中，$S^2=\frac{1}{n}\sum_{i=1}^{n}(Y_i-\bar{Y})^2$，$\bar{Y}=\frac{1}{n}\sum_{i=1}^{n}Y_i$，$i$，$j$ 表示不同地区，n 为地区的总数目，W_{ij} 为空间权重矩阵，Y_i 为第 i 个地区的被解释变量观测值，$\bar{Y}$ 为观测值 Y_i 的均值，S_2 为观测值 Y_i 的方差。Moran′s I 的值域为 [-1,1]，当 Moran′s I 显著为正时，表示地区 i 和 j 间的观测值存在正的空间相关性，即高值—高值相邻、低值—低值相邻；当 Moran′s I 显著为负时，表示地区间的观测值存在负的空间相关性，即高值—低值相邻、低值—高值相邻；当 Moran′s I=0，表示变量在空间上是随机分布的，观测值间不存在空间上的相关关系。Moran′s I 指数的绝对值越大表明空间相关性越强。

局部 Moran′s I 可以看作全局 Moran′s I 的各区域分量，反映某地区周围相似属性值的空间集聚程度，其计算式为：

$$\text{Global Moran's I}=\frac{(Y_i-\bar{Y})\,n\sum_{i\neq j}^{n}W_{ij}(Y_j-\bar{Y})}{S^2\,n\sum_{i=1}^{n}\sum_{j=1}^{n}W_{ij}} \tag{7.4}$$

当局部 Moran′s I 显著为正时，表明地区 i 周围有相似属性值的空间集聚现象，即某地区的高值被邻近地区的高值包围，或某地区的低值被周围地区的低值包围；当其显著为负时，则表明地区 i 与其周围区域的属性值存在较大差别，例如某地区的低值被周围地区高值包围，或某地区的高值被周围地区低值包围。

局部空间相关性分析可以通过 Moran 散点图进行直观展示，其四个象限分别对应于地理单元与其邻居之间四种类型的局部空间联系形式：第一象限代表高观测值的地理单元被同样是高值的单元所包围；第二象限代表低观测值的地理单元被高值的单元所包围；第三象限代表低观测值的地理单元被低值的单元所包围；第四象限代表高观测值的地理单元被低值的单元所包围。

三、模型设定、估计及检验

空间计量经济模型按照刻画空间相依方式的不同，大体上可分为空间滞后模型（SLM）和空间误差模型（SEM）两大类。空间滞后模型主要描述空间相依性，模型中纳入了邻近地区被解释变量的滞后项 WY，本质上是考虑了空间变量的自回归模型，形式上与时间序列的自回归模型类似，因此也叫空间自回归模型（SAR）（Anselin and Bera，1998）。而空间误差模型主要描述空间异质性，纳入了空间滞后误差项 W_{ε}，可以用来研究具有空间相关性的地区通过随机扰动项对某地区的影响。在 SAR 和 SEM 的模型选择问题上，Anselin（2003）提出了利用 LM 和 Robust LM 检验的判别方法。在通过 Moran's I 检验的条件下，若 LM-Lag 检验比 LM-error 检验更显著，且 Robust LM-lag 显著而 Robust LM-error 不显著，则应该选择空间滞后模型（SAR），反之则选择空间误差模型（SEM）。此外，还可以结合 AIC、BIC 等信息准则和可决系数 R^2 等指标综合判断。

此外，还需要结合实际研究问题判断是否需要考虑解释变量的空间相关性。当一个地区的被解释变量与其他地区的解释变量之间也可能存在空间关联性时，则应该选择一般化的空间计量模型，即空间杜宾模型（Spatial Durbin Model，SDM）。空间杜宾模型同时考虑了被解释变量和解释变量的空间相关性。

本研究中，各省份的制造业高质量发展水平不仅会受到周边地区制造业发展水平的带动或制约，而且由于创新要素集聚可能对邻近地区产生技术外溢从而影响周边地区的制造业发展，因此一个地区的制造业高质量发展水平极大可能受到邻近地区创新要素集聚度的影响。首先构建一般化的空间杜宾模型，同时考虑被解释变量和解释变量的空间相依，然后对其进行估计，并按照一般研究范式对其进行事后 LR 检验和 Wald 检验，以判断该一般化的空间杜宾模型是否会退化为

SAR 或 SEM。构建面板空间杜宾模型如下：

$$Y_{it}=a_i+\lambda_t+\rho\sum_{j=1}^{N}w_{ij}Y_{it}+X_{kit}\beta_k+Z_{mit}\delta_m+\sum_{j=1}^{N}w_{ij}X_{kijt}\ \theta_k+\varepsilon_{it} \tag{7.5}$$

其中，被解释变量 Y 为各省份制造业高质量发展水平指数，核心解释变量 X 为反映各省创新要素集聚水平的人才要素集聚度、资本要素集聚度、引进技术集聚度、技术改造集聚度四项指标，Z 为控制变量，主要包括各省份经济发展水平、城镇化水平、信息化水平、政府行为和对外开放程度。i 代表不同省份，i=1,2,3,…N；N 为省份个数，本研究中去除西藏和港澳台地区，共计 30 个省份；t 为不同年份，本研究样本期间为 2008—2019 年；k 代表不同解释变量；m 代表不同的控制变量；a_i 为个体固定效应，λ_t 为时间固定效应；$\boldsymbol{w}$ 为空间权重矩阵，$\sum_{j=1}^{N}w_{ij}Y_{it}$ 和 $\sum_{j=1}^{N}w_{ij}X_{kijt}$ 分别考虑了被解释变量和解释变量的空间相关性；ρ 为空间效应系数；ε 为随机误差项。参数 ρ、$\boldsymbol{\theta}$、$\boldsymbol{\beta}$ 和 δ 的含义与普通最小二乘法回归系数的解释有很大区别（Elhost，2003），不能直接采用 ρ、$\boldsymbol{\theta}$ 衡量解释变量的空间溢出效应，相关内容在本章后续中将进行详细介绍。

将该模型改写为向量形式，如下式：

$$Y_t=a+\rho WY_t+X_t\beta+Z_t\delta+WX_t\theta+\lambda_t\iota_N+\varepsilon_t \tag{7.6}$$

其中，$\boldsymbol{\iota}_N$ 为 $N\times 1$ 的列向量，每个元素都为 1，$\boldsymbol{\beta}$、$\boldsymbol{\theta}$ 为 $k\times 1$ 的列向量，$\boldsymbol{\delta}$ 为 $m\times 1$ 的列向量，$a=[a_1,a_2,\cdots,a_N]$，$\varepsilon_t\sim N(0,\sigma_\varepsilon^2\iota_N)\varepsilon_t\sim N(0,\sigma_\varepsilon^2\iota_N)$。

$$Y_t=\begin{bmatrix}Y_{1t}\\Y_{2t}\\\vdots\\Y_{Nt}\end{bmatrix},\quad X_t=\begin{bmatrix}1&X_{21t}&\cdots&X_{k1t}\\1&X_{22t}&\cdots&X_{k2t}\\\vdots&\vdots&\ddots&\vdots\\1&X_{2Nt}&\cdots&X_{kNt}\end{bmatrix},\quad Z_t=\begin{bmatrix}1&Z_{21t}&\cdots&Z_{m1t}\\1&Z_{22t}&\cdots&Z_{m2t}\\\vdots&\vdots&\ddots&\vdots\\1&Z_{2Nt}&\cdots&Z_{mNt}\end{bmatrix}$$

空间面板模型由于包括了空间权重矩阵与被解释变量的乘积项而产生了内生性，因此其估计比静态面板模型更为复杂，常用的空间面板模型估计方法有广义矩估计法（GMM）、贝叶斯 MCMC 估计法和极大似然估计法（MLE）。本研究主要采用应用较广泛的极大似然估计法。

由于采用 MLE 对模型进行估计，因此，似然比检验（LR test）和瓦尔德检验（Wald test）都适用，为了确保所选择的空间杜宾模型是最优模型，将分别进行两种检验。LR 检验需要首先分别估计 SAR、SEM 和 SDM 三个模型，并分别检验所设定的空间杜宾模型是否会退化为 SAR 或 SEM 模型，若 LR 统计量均显著拒绝原假设，则认为所设定的空间杜宾模型不会退化为其他模型。同时，还可以在估计出空间杜宾模型的基础上，分别进行两次 Wald 检验（原假设分别为 H_0：$\vartheta_1=\vartheta_2=\cdots=\vartheta_k=0$和$\vartheta_k=-\rho\times\beta_k$），以判断空间杜宾模型是否会退化为 SAR 或 SEM 模型，Wald 检验同时拒绝原假设则表明应选择空间杜宾模型。

四、空间效应分解

对空间面板数据模型而言，某一个地区 i 在 t 时刻的某一解释变量 X 的变动不仅会对 i 地区自身的被解释变量有直接影响，也会对其他邻近地区的被解释变量有一定的间接影响，并最终会反过来影响 i 地区的被解释变量，这就意味着某解释变量对被解释变量的总的影响效应并不恰好等于其估计系数。

勒萨热和佩斯 (2009) 认为依据空间回归模型的点估计来判断是否存在空间溢出效应可能得出错误的结论。而通过对空间模型求偏微分可以解释不同空间模型设定下变量的影响，同时作为检验空间溢出效应是否存在的有效依据，因此，应当更多关注变量的直接效应（Direct Effects）和间接效应（Indirect Effects）而非空间回归模型的点估计是否显著。

参考勒萨热和佩斯（2009）相关研究，由式（7.6）左右移项整理可得：

$$\boldsymbol{Y}_t=(\boldsymbol{I}-\rho\boldsymbol{W})^{-1}(\boldsymbol{X}_t\boldsymbol{\beta}+\boldsymbol{Z}_t\boldsymbol{\delta}+\lambda_t\iota_N+\boldsymbol{W}\boldsymbol{X}_t\boldsymbol{\theta}+\boldsymbol{\varepsilon}_t) \tag{7.7}$$

式中的$(\boldsymbol{I}-\rho\boldsymbol{W})^{-1}$为空间乘子矩阵，其中 I 为 $N\times N$ 的单位矩阵，直接效应和间接效应则是基于该空间乘子矩阵。在特定稳定条件下：

$$(\boldsymbol{I}-\rho\boldsymbol{W})^{-1}=\boldsymbol{I}+\rho\boldsymbol{W}+\rho\boldsymbol{W}^2+\rho\boldsymbol{W}^3+\cdots$$

直接效应表示某地区自变量对被解释变量的总影响，其包括本地区的直接效应和对邻接地区溢出效应的空间反馈累积效应（Feedback Effects），其数值为该乘子矩阵对角线元素的平均值，令 $\boldsymbol{M}^{\bar{d}}$表示矩阵 $\boldsymbol{M}$ 的对角线元素的行平均，那么解释变量的直接效应 DE 可以表示为$\{(\boldsymbol{I}-\rho\boldsymbol{W})^{-1}\times(\boldsymbol{I\beta}+\boldsymbol{W\theta})\}^{\bar{d}}$，控制变量的直接效应可以表示为$\{(\boldsymbol{I}-\rho\boldsymbol{W})^{-1}\times\boldsymbol{I\delta}\}^{\bar{d}}$。

间接效应，即空间溢出效应（Spatial Spillover Effects），反映的是邻近地区某自变量对本地区被解释变量的影响，其数值为空间乘子矩阵非对角线元素的行平均，若用 $\boldsymbol{M}^{\overline{rsum}}$表示矩阵 $\boldsymbol{M}$ 的非对角线元素行平均，那么解释变量的间接效应 IE 就可以表示为$\{(\boldsymbol{I}-\rho\boldsymbol{W})^{-1}\times(\boldsymbol{I\beta}+\boldsymbol{W\theta})\}^{\overline{rsum}}$，控制变量的间接效应则可以表示为$\{(\boldsymbol{I}-\rho\boldsymbol{W})^{-1}\times\boldsymbol{I\delta}\}^{\overline{rsum}}$。将直接和间接效应加总即可得到总效应（Total Effects），它反映某地区某自变量对所有地区被解释变量的平均影响。

五、变量选择与数据来源

本部分在变量选择方面与第五章大体相同，被解释变量为制造业高质量发展水平指数（*GZL*）；核心解释变量包括：人才要素集聚度（*RC*）、资本要素集聚度（*ZB*）、技术改造集聚度（*JSGZ*）和引进技术集聚度（*YJJS*）；控制变量包括：经济发展水平（*gdpzs*）、城镇化水平（*czh*）、信息化水平（*xxh*）和政府支持（*gvn*）。需要说明的是，考虑到对外开放带来的技术外溢效应是影响区域技术创新和制造业高质量发展的重要因素（蔡玉蓉，2020），因此，本章增加了对外开放程度（opn）这一控制变量，用各省（市）外商投资企业投资总额占 GDP 的比重来表示。本部分数据来源与第五章相同。

第二节　整体检验与结果分析

如前所述，为了进行空间计量分析，首先需要构建空间权重矩阵。考虑到经济地理权重矩阵常常伴随的内生性问题，本研究选择分别构建二进制空间邻接权重矩阵（Queen 邻接）和基于距离的空间反距离权重矩阵开展研究，以便对比。在构建邻接矩阵的过程中，由于海南作为岛屿，不与任何地区相邻，会导致矩阵不满秩，故将其人为修改设定为与广东省相邻。

一、全局和局部空间相关性检验

全局空间相关性检验

首先分别基于已构建的空间邻接权重矩阵 $\boldsymbol{W}_1$ 和地理距离权重矩阵 $\boldsymbol{W}_2$ 对制造业高质量发展水平指数（GZL）进行全局 Moran's I 检验，以确定制造业高质量发展是否存在空间依赖性。在空间邻接权重矩阵 $\boldsymbol{W}_1$ 下，Moran's I 为 0.508，通过了 1% 的显著性检验；在地理距离权重矩阵 $\boldsymbol{W}_2$ 下，Moran's I 为 0.286，数值上略小于空间邻接矩阵下的 Moran's I，但同样通过了 1% 的显著性检验。两种权重矩阵下的 Moran's I 指数均显著为正，表明我国各省份的制造业高质量发展水平并非随机分布，而是存在明显的空间集聚性和空间依存性，且具体表现为制造业高质量发展水平较高的地区的邻近地区往往制造业高质量发展水平也较高，反之则相反。因此在进行创新要素集聚对制造业高质量发展的影响研究时，必须考虑区域间制造业高质量发展的溢出效应，构建面板空间计量模型进行分析。

为了进一步考察历年制造业高质量发展的空间相关性是否存在时间异质性，本研究分别采用两种权重矩阵针对样本期内历年数据进行了分年份的 Moran's I

指数测算和检验，结果见表 7.1。从表格结果来看，邻接矩阵下的历年 Moran's I 指数均为正，除 2008 年和 2009 年两年不显著外，其余年份均在 10% 的水平下显著，且随着时间推移，Moran's I 数值逐渐增大，显著性水平也逐渐提高。而在地理距离权重矩阵下，有 5 个样本年度的 Moran's I 出现了负值，但不显著，另有两个样本年度的 Moran's I 数值接近于 0，同样不显著，仅 5 个样本年度的 Moran's I 显著为正，但同邻接权重矩阵下的 Moran's I 的数值相比，均显著偏小。这表明分从年度来看，地理距离权重矩阵对制造业高质量发展的空间相关结构的描述效果不如空间邻接权重矩阵。在空间邻接权重矩阵下，各省（市）制造业高质量发展的空间关联性存在时间异质性，这种空间相关性是随时间推移逐渐增强的，表明邻接区域间的融合程度在不断加深。

表7.1　历年制造业高质量发展（*GZL*）的全局Moran's I指数

年份	空间邻接权重矩阵 W_1			地理距离权重矩阵 W_2		
	I	*z*	*p*-value*	*I*	*z*	*p*-value*
2008	0.121	1.251	0.211	0.038	2.188	0.029
2009	0.095	1.071	0.284	-0.036	-0.049	0.961
2010	0.199	1.907	0.057	-0.015	0.608	0.543
2011	0.270	2.493	0.013	-0.005	0.909	0.363
2012	0.318	2.863	0.004	0.024	1.780	0.075
2013	0.293	2.628	0.009	0.048	2.491	0.013
2014	0.222	2.078	0.038	0.067	3.093	0.002
2015	0.369	3.280	0.001	0.009	1.338	0.181
2016	0.292	2.659	0.008	0.056	2.759	0.006
2017	0.437	3.844	0.000	0.006	1.232	0.218
2018	0.424	3.730	0.000	-0.016	0.556	0.578
2019	0.394	3.496	0.000	-0.030	0.133	0.894

二、全样本估计结果分析

（一）模型识别检验

在 Moran's I 检验基础上，进一步通过滞后 LM 检验及 Robust LM 检验辅助判断是否需要引入被解释变量或误差项的空间项。

表7.2　两种权重矩阵下LM（Robust）检验结果

	空间邻接权重矩阵 W_1		地理距离权重矩阵 W_2	
	统计量	p-value*	统计量	p-value*
Spatial error:				
Lagrange multiplier	21.140	0.000	7.441	0.006
Robust Lagrange multiplier	1.303	0.254	0.019	0.889
Spatial lag:				
Lagrange multiplier	27.189	0.000	18.881	0.000
Robust Lagrange multiplier	7.351	0.007	11.459	0.001

表 7.2 分别展示了采用空间邻接权重矩阵 W_1 和地理距离权重矩阵 W_2 下的 LM(Robust) 检验结果。从表 7.2 中可知，在空间邻接权重矩阵 W_1 和地理距离权重矩阵 W_2 下，空间误差模型和空间滞后模型的 LM 检验均显著，但空间滞后模型（SAR）的 Robust LM 检验均在 1% 的水平下显著，而空间误差模型（SEM）的 Robust LM 检验均不显著，因此不论是按照权重矩阵 W_1 还是 W_2，均应在模型中引入被解释变量的空间滞后项 WY，而非误差项的空间项。

LM 检验只是空间面板模型的初步筛选，通过该检验初步判断模型中需要引入被解释变量的空间滞后项，而无须引入误差项的空间滞后项。进一步结合前述理论分析，综合考虑解释变量的空间相关性，构建空间杜宾模型如下：

$$
\begin{aligned}
GZL_{it} &= a_i + \lambda_t + \rho\sum_{j=1}^{N} w_{ij}\, GZL_{it} + RC_{it}\beta_1 + ZB_{it}\beta_2 + JSGZ_{it}\beta_3 + YJJS_{it}\beta \\
&+ gdpzs_{it}\delta_1 + czh_{it}\delta_2 + xxh_{it}\delta_3 + gvn_{it}\delta_4 + opn_{it}\delta_5 + \sum_{j=1}^{N} w_{ij} RC_{ijt}\theta_1 \\
&+ \sum_{j=1}^{N} w_{ij} ZB_{ijt}\theta_2 + \sum_{j=1}^{N} w_{ij} JSGZ_{ijt}\theta_3 + \sum_{j=1}^{N} w_{ij} YJJS_{ijt}\theta_4 + \varepsilon_{it}
\end{aligned}
\tag{7.8}
$$

（二）模型估计及事后检验

采用 Stata16.1 按照上述模型对数据进行分析，得到如下回归结果。

表7.3 两种权重矩阵下空间杜宾模型估计结果对比

变量	空间邻接权重矩阵W_1	地理距离权重矩阵W_2
	模型1	模型2
RC	4.218***	3.930***
	(4.81)	(4.42)
ZB	1.775	2.694**
	(1.50)	(2.28)
JSGZ	−0.011	0.068
	(−0.03)	(0.20)
YJJS	0.844***	0.897***
	(3.83)	(4.06)
gdpzs	0.420***	0.483***
	(3.23)	(3.67)
czh	13.808***	13.143***
	(4.00)	(3.94)
xxh	11.395***	10.662***
	(4.14)	(3.84)
gvn	47.446**	43.932**
	(2.51)	(2.43)
opn	1.005	1.486**
	(1.51)	(2.53)
WRC	1.912	−2.149
	(1.36)	(−0.42)
WZB	−2.180	15.615*
	(−1.01)	(1.71)
WJSGZ	−1.186**	−1.484
	(−2.42)	(−1.13)
WYJJS	1.120	5.881***
	(1.56)	(2.87)
ρ	0.210***	−0.491**
	(2.92)	(−2.13)

续表

变量		空间邻接权重矩阵 W_1	地理距离权重矩阵 W_2
		模型1	模型2
sigma2		13.748*** (13.37)	13.801*** (13.41)
N		360	360
R^2		0.5259	0.3174
Log likelihood		−984.849	−986.472
AIC		1999.699	2002.944
Hausman检验		50.92*** (0.000)	47.56*** (0.000)
SDM是否会退化为SAR	LR检验	9.23* (0.056)	17.68*** (0.001)
	Wald检验	9.44* (0.051)	17.42*** (0.002)
SDM是否会退化为SEM	LR检验	12.14** (0.016)	13.39*** (0.009)
	Wald检验	11.26** (0.023)	16.97*** (0.002)

注：*，** 和 *** 分别表示通过显著性水平为 10%、5% 和 1% 的统计检验；回归系数下的括号内数值为对应的 *z* 统计量，Hausman、LR、Wald 检验结果下的括号内数值为对应的 *p* 值。

参照巴尔塔吉（2001）的相关研究，随机效应（Random effects）模型更适用于样本随机取自总体时，而固定效应（Fixed effects）模型更适合于回归分析限于某些特定个体的情况。本研究以省级行政区为单位的计量分析而言，固定效应模型应当是更优的选择。为进一步验证，故再次进行 Hausman 检验。根据表 7.3，两种空间权重矩阵下的 Hausman 检验统计量分别为 50.92 和 47.56，均在 1% 的显著性水平下拒绝原假设，因此应当选择固定效应模型。

依据空间杜宾模型（7.8）式，分别采用空间邻接权重矩阵 $\boldsymbol{W}_1$ 和地理距离权重矩阵 $\boldsymbol{W}_2$ 运用极大似然估计法（MLE）进行固定效应（Fixed Effects）回归。同时为了确保空间杜宾模型（SDM）不会退化为空间滞后模型（SAR）或空间误差模型（SEM），分别对两组模型进行了 LR 检验和 Wald 检验（见表 7.2）。对于权重 $\boldsymbol{W}_1$ 下的 SDM 模型是否会退化为 SAR 的 LR 检验统计量为 9.23，Wald 检验统计量为 9.44，均在 10% 的显著性水平下拒绝原假设（H_0：SDM 可退化为 SAR），表明权重 $\boldsymbol{W}_1$ 下的 SDM 模型 1 不会退化为 SAR；而对于是否会退化为 SEM 的

LR 和 Wald 检验结果也均在 5% 的显著性水平下拒绝原假设，表明 SDM 模型 1 也不会退化为 SEM。基于权重 $\boldsymbol{W}_2$ 下的 LR 和 Wald 检验结果类似，均在 1% 的显著性水平下拒绝原假设。针对两组模型的 LR 检验和 Wald 检验结果表明两种权重矩阵下空间杜宾模型均是最优选择。

为了确保回归结果的可靠性，综合考虑空间相关系数 $\boldsymbol{\rho}$ 及其显著性，拟合优度 $\boldsymbol{R}^2$，对数似然函数值 log likelihood 以及 AIC 信息准则，遴选更优的估计模型（白俊红等，2017；闫超栋和马静，2016）。根据表 7.3，模型 2 的空间相关系数 ρ 显著为负，与 Moran's I 检验结论不一致，且其拟合优度 $\boldsymbol{R}^2$ 与对数似然函数值均小于模型 1，同时 AIC 大于模型 1，表明空间邻接权重矩阵 $\boldsymbol{W}_1$ 对创新要素集聚与制造业高质量发展间的空间相关结构与特征的刻画更符合实际情况，这与前文全局 Moran's I 检验结论一致。因此在两种权重矩阵下的回归结果中选择拟合效果更好的模型 1 作为最终模型，后文的估计结果分析及空间溢出效应的分解均在模型 1 的基础上进行。

表 7.3 中模型 1 的估计结果显示，人才要素集聚在 1% 的显著性水平下对制造业高质量发展具有促进作用；技术引进集聚在 1% 的显著性水平下对制造业高质量发展具有促进作用；其中人才要素集聚对制造业高质量发展水平的影响程度远大于技术引进集聚对制造业高质量发展水平的影响。控制变量中地区经济发展水平、城市化水平、信息化程度和政府干预程度均在 1% 的显著性水平下正向影响制造业高质量发展水平，其中政府干预的影响程度最大，城市化水平其次，信息化的影响程度再次，地区经济发展水平的影响最小，对外开放程度对制造业高质量发展影响不显著。

空间邻接权重矩阵下的空间自回归系数 ρ 在 1% 的水平下显著为正，表明各省制造业高质量发展水平间存在显著的正的空间自相关性。这说明区域间的制造业高质量发展水平并非相互独立，邻接地区制造业较高的发展水平会给本地区带来正向影响，即制造业高质量发展存在显著的正向空间溢出效应。

我国不同省份间经济发展水平差异较大，部分省份和地区由于地理优势、政策优势，产生了空间吸纳效应，引入了大量人才、资金和技术资源，产生了创新要素集聚，极大地提升了这些地区的创新能力，从而带来了区域内的制造业高质量发展提速。由于空间辐射效应的存在，当这些地区成为经济增长极，就会凭借其资源优势，通过人才交流、资本带动和技术扩散等方式带动周边地区的创新集聚水平和制造业高质量发展水平，从而出现“高—高”集聚的现象。而这些地区及其周边创新要素集聚度越高，其制造业高质量发展水平越高，就会进一步吸引更多创新要素涌向这些地区，从而形成良性循环。反之，对于那些经济发展水平落后，人才和资金匮乏的地区，则会以类似的方式呈现“低—低”集聚的现象。

（三）空间效应分析

由于 Moran′s I 检验证明高质量发展存在显著的空间集聚性，且模型 1 的估计结果显示空间自回归系数 ρ 显著为正，因此不能直接用解释变量的回归系数来解释其空间效应，仅仅关注解释变量的空间滞后项系数及其显著性水平也是无意义的，因此本部分采用空间回归模型偏微分方法将解释变量及控制变量对制造业高质量发展的空间溢出效应进行了分解，表 7.4 报告了溢出效应分解结果。

在表 7.4 中，直接效应（Direct Effects）反映了各省的人才要素集聚、资本要素集聚、技术改造集聚、技术引进集聚及相关控制变量对本省的制造业高质量发展水平的影响；间接效应（Indirect Effects）反映了邻接省份的人才要素集聚、资本要素集聚、技术改造集聚、技术引进集聚及相关控制变量对本省的制造业高质量发展水平的溢出效应；总效应（Total Effects）反映了某省份的人才要素集聚、资本要素集聚、技术改造集聚、技术引进集聚及相关控制变量对所有省份制造业高质量发展水平的平均影响。

表7.4 邻接权重矩阵下空间杜宾模型溢出效应分解

变量	直接效应	间接效应	总效应
RC	4.385***	3.551*	7.937***
	(4.82)	(1.82)	(3.27)
ZB	1.582	−2.376	−0.794
	(1.35)	(−0.82)	(−0.22)
JSGZ	0.082	1.337*	1.419
	(0.22)	(1.67)	(1.40)
YJJS	0.792***	−1.263*	−0.471
	(3.07)	(−1.88)	(−0.57)
GDPZS	0.401***	0.107*	0.508***
	(2.62)	(1.79)	(2.61)
CZH	14.178***	3.864**	18.042***
	(4.05)	(2.00)	(3.70)

续表

变量	直接效应	间接效应	总效应
XXH	11.384***	3.097*	14.481***
	(4.15)	(1.95)	(3.85)
GVN	44.810***	12.034*	56.843***
	(2.82)	(1.73)	(2.74)
OPN	0.979	0.259	1.237
	(1.50)	(1.09)	(1.46)

注：*，** 和 *** 分别表示通过显著性水平为 10%、5% 和 1% 的统计检验；括号内为 z 统计量。

直接效应方面，从表 7.4 可以看出：①人才要素集聚和技术引进集聚对制造业高质量发展的直接效应均在 1% 的显著性水平下为正，表明某地区人才要素集聚和技术引进集聚对该地区制造业高质量发展有显著的积极影响，这一影响包括本地区人才和技术引进集聚带来的影响，也包括本地区人才和技术引进集聚对邻接地区制造业高质量发展带来的影响的“反馈效应”，即邻近地区制造业高质量发展水平受到本地人才和技术引进集聚的辐射效应后反过来影响本地区的制造业高质量发展水平；②模型的五个控制变量中地区经济发展水平、城市化水平、信息化程度和政府干预程度对制造业高质量发展的直接效应均在 1% 的显著性水平下为正，表明地区经济发展水平、城市化水平、信息化程度和政府干预程度对本省制造业高质量发展有显著促进作用，而对外开放程度对本省制造业高质量发展的促进作用不显著，这与前述对主回归系数的分析结论一致。

间接效应方面，核心解释变量中：①人才要素集聚的空间溢出效应显著为正（3.551），表明邻近地区的人才要素集聚能够显著地促进本地区制造业高质量发展；②技术改造集聚的间接效应显著为正（1.337），但小于人才要素集聚的空间溢出效应，表明周边地区的技术改造集聚对本地区的制造业高质量发展水平有一定的积极促进作用，但小于邻近地区人才要素集聚对本地区所带来的影响，更进一步表明地区间通过加强技术改造的合作共享能获得更好的发展；③技术引进集聚的间接效应为负（–1.263）且在 10% 的水平上是显著的，这可能是由于某地区的技术引进集聚促进了本地区的制造业技术进步和社会繁荣，吸引了邻近地区的人才、资金、技术等要素进一步向该区域集中，从而负向影响了邻接地区的制造业发展；④资本要素集聚的间接效应统计上不显著，且其间接效应为负，这可能是由于资本的跨区域流动受各地区政策差异的影响而不如人才和技术的流动顺畅，表明目前我国区域间的资本流动性有待进一步加强。

就总效应而言，核心解释变量中只有人才要素集聚有显著的正向总效应，即人才、技术和资本这三项创新要素中只有人才集聚从整体上对全国制造业高质量发展有明显的促进作用，这表明人才畅通的流动机制及高技术人才的集聚性对我国制造业高质量发展起着至关重要的作用，是制造业高质量发展的核心驱动力。其他两项要素集聚总的空间溢出效应均不显著，无法从整体上显著影响全国制造业高质量发展水平。

从控制变量来说，①地区经济发展水平、城市化水平、信息化程度和政府干预程度对制造业高质量发展的空间溢出效应分别在10%、5%、10%和10%的显著性水平上为正，其中政府干预程度的间接效应最大，为12.034；城市化水平和信息化程度的间接效应其次，分别为3.864、3.097；最小的是地区经济发展水平的间接效应，仅0.107。这表明邻近地区的政府行为、城市化水平、信息化程度和经济发展水平均会对本地区的制造业高质量发展水平有正向促进作用；②五个控制变量中仅对外开放程度的间接效应不显著，说明周边地区的对外开放对本地区制造业高质量发展的带动作用尚不明显。这可能是由于某地区的对外开放程度虽然对邻近区域有一定的溢出效应，但由于经济结构、地理位置和地方政策等方面的差异，溢出效应并不能很好地被周边地区所消化和吸收，进而转化为生产力，因此并不能显著促进邻近地区的制造业高质量发展。控制变量的空间溢出效应反映了我国当前的市场环境有利于要素流动，经济环境有利于促进高端制造业的发展，城市化有效提高了资源利用效率，信息化和网络化程度的加深在促进高技术产业发展方面也起着积极作用，但不同地区的政策环境应当加强协调统一，向更加开放包容的方向进行改革。

第三节　分时段检验与结果分析

2012年党的十八大强调，要坚持走中国特色自主创新道路、实施创新驱动发展战略。随后，各省纷纷出台相关政策，建立促进创新资源合理流动的体制机制，以推进创新资源的高效配置和综合集成。为了对比“创新驱动发展战略”实施前后创新要素集聚对制造业高质量发展的空间溢出效应的动态变化，本节以2012年为节点，将样本区间划分为2008—2012年和2013—2019年两个子区间，分别进行Moran's I检验、空间杜宾模型估计及空间效应分解。

一、分时段Moran’s I检验及空间杜宾模型估计

首先对两个子样本的制造业高质量发展水平是否具有空间相关性进行全局Moran′s I检验，结果见表7.5。根据检验结果，2008—2012年不同省份的制造业高质量发展存在显著的正向空间依存性，2013—2019年各地区制造业高质量发展水平间的空间相关性较创新驱动战略实施之前的空间集聚性更强。因此，可以对分时段子样本进行空间面板模型估计。

表7.5　分时段的全局Moran's I检验

年份	2008—2012			2013—2019		
	I	*z*	*p*-value*	*I*	*z*	*p*-value*
Moran's I	0.225	3.964	0.000	0.423	8.620	0.000

对两个子样本同样选用模型7.8，采用极大似然估计法进行估计，结果见表7.6。根据创新驱动战略实施前后的估计结果对比不难发现，创新驱动战略实施前，总的空间自回归系数ρ不显著，而创新驱动战略实施后，其空间自回归系数为0.202，且在5%的水平下显著，这表明创新要素集聚对制造业高质量发展的空间溢出效应在创新驱动战略实施后显著增强。从核心解释变量的回归系数来看，模型4中人才要素集聚和引进技术集聚对制造业高质量发展的影响程度较模型3更大，这可能是由于2012年后各地纷纷加大创新投入力度，尤其是在人才和高技术产业方面，人才和技术引进力度的加大带来的技术进步推动了高技术产业发展，从而更大程度上提升了制造业高质量发展水平。

表7.6　分时段空间杜宾模型估计结果对比

变量	2008—2012	2013—2019
	模型3	模型4
RC	3.749***	6.414***
	(4.84)	(3.76)
ZB	1.715	−1.411
	(1.51)	(−0.63)
JSGZ	0.799*	0.010
	(1.77)	(0.02)

续表

变量	2008—2012	2013—2019
	模型3	模型4
YJJS	0.680***	0.684**
	(2.94)	(2.01)
GDPZS	0.217*	0.779***
	(1.75)	(3.18)
CCH	8.854**	30.483***
	(2.17)	(5.46)
XXH	15.970**	7.784**
	(2.49)	(2.31)
gvn	45.630**	41.694
	(2.25)	(1.46)
WRC	4.249***	3.236
	(3.41)	(1.19)
WZB	–4.791**	–3.067
	(–2.24)	(–0.80)
WJSGZ	–0.013	1.108
	(–0.01)	(1.13)
WYJJS	–0.008	–1.316*
	(–0.01)	(–1.92)
ρ	–0.077	0.202**
	(–0.61)	(2.10)
sigma2	6.389***	16.820***
	(8.65)	(10.19)
N	150	210
R^2	0.1474	0.2390
Log likelihood	–351.9802	–595.3209

注：*，** 和 *** 分别表示通过显著性水平为 10%、5% 和 1% 的统计检验；括号内为 *z* 统计量。

二、分时段空间效应分解

为了更好地对比创新驱动战略实施前后的创新要素集聚对制造业高质量发展

的区域间溢出效应是否存在差异，本部分采用空间回归模型偏微分方法将两个子样本估计结果进行空间溢出效应的分解，表 7.7 报告了分时段溢出效应的分解结果。

表7.7　分时段空间杜宾模型溢出效应分解

变量	2008—2012			2013—2019		
	直接效应	间接效应	总效应	直接效应	间接效应	总效应
RC	3.685***	3.800***	7.485***	6.654***	5.474*	12.129***
	(4.78)	(4.11)	(6.49)	(3.83)	(1.86)	(3.18)
ZB	1.707	−4.888***	−3.181	−1.717	−4.216	−5.933
	(1.62)	(−2.86)	(−1.57)	(−0.78)	(−1.00)	(−1.10)
JSGZ	0.848*	−0.002	0.846	0.125	1.496	1.621
	(1.71)	(−0.00)	(0.77)	(0.25)	(1.04)	(0.96)
YJJS	0.695***	−0.043	0.652	0.614	−1.531	−0.917
	(2.69)	(−0.07)	(0.92)	(1.56)	(−1.52)	(−0.74)
GDPZS	0.192	−0.017	0.176	0.752***	0.190	0.942***
	(1.32)	(−0.57)	(1.31)	(2.63)	(1.52)	(2.58)
CZH	9.297**	−0.577	8.719**	31.057***	7.928*	38.984***
	(2.21)	(−0.47)	(2.15)	(5.44)	(1.82)	(4.93)
XXH	15.381**	−0.982	14.399**	7.697**	2.031	9.728**
	(2.41)	(−0.52)	(2.37)	(2.22)	(1.42)	(2.13)
GVN	42.192**	−2.673	39.518**	37.327	9.386	46.713
	(2.43)	(−0.52)	(2.34)	(1.59)	(1.16)	(1.55)

注：*，** 和 *** 分别表示通过显著性水平为 10%、5% 和 1% 的统计检验；括号内为 z 统计量。

重点关注创新驱动战略实施前后创新要素集聚的间接效应差异。通过对比发现，创新驱动战略实施前后人才要素集聚的间接效应均显著为正，而 2013—2019 年人才要素集聚对邻近地区制造业高质量发展的溢出效应（5.474）较 2012 年之前（3.8）大 44%，表明创新驱动战略实施后，各地区纷纷加大创新人才培养和引进力度，有效提升了其对制造业高质量发展的空间溢出效应。资本要素集聚的间接效应在 2008—2012 年显著为负（–4.888），表明邻近地区的资本要素集聚会因为空间闭塞效应而对本地区制造业发展产生抑制作用，而在 2013—2019 年资本要素集聚的间接效应虽仍为负（–4.216），但绝对值有所下降，且不再显著，表明创新驱动战略实施后创新资本的跨区流动性有所增强，从而其对邻近地区制造业高质量发展带来的负向溢出不再显著。

第八章　结论与政策建议

第一节　主要结论

本研究基于创新要素集聚和制造业高质量发展的事实，在厘清创新要素集聚内涵、动因及效应的基础上，从理论层面探讨了人才、资本、技术三种创新要素集聚对制造业高质量发展的影响，测算创新要素集聚程度和制造业高质量发展水平，建立创新要素集聚影响制造业高质量发展的理论模型，并分别进行一般检验、分时段和分区域异质性检验以及空间溢出效应检验。本研究主要结论如下。

（1）理论分析表明，创新要素集聚受到政策、市场、利益、技术等来自内部和外部多重因素的影响，其集聚过程随时间演化发展，主要表现为要素在特定空间、特定产业间集中，其最终目的是促进区域经济发展。创新要素集聚会产生规模经济效应、空间溢出效应、资源配置效应、环境改善效应等，上述效应通过人才、资本、技术等具体要素以不同的方式对制造业高质量发展产生影响。

（2）创新要素集聚测度与特征分析发现：

①总体方面，集聚率（CR）测算结果表明，R&D 人员、R&D 经费、引进技术、技术改造、资产投入、技术合同成交额、专利授权数量等七项指标中，除技术改造，前 30% 规模较大的省份占全部要素的比重超过了 70%，可见要素的总体集聚程度较高，各地分布差异较大；技术合同成交额、专利授权数量两项产出指标的集聚率高于投入要素集聚率，说明规模较大的省份创新效率更高。集聚度 HHI 指数与集聚率 CR 指数反映的结果基本一致，创新要素的进一步集聚为我国规模较大省份制造业率先高质量发展提供了保障。

②基于行业视角，对制造业 30 个大类行业创新要素投入及创新产出情况进行比较分析后发现，我国制造业各行业创新投入及产出的差异较大，少数知识和资本密集型行业占据了创新投入和产出的绝大多数，创新要素在少数行业高度集聚的态势比较明显。目前，我国制造业技术和经济产出能力有待提高。基于制造业规模以上企业 2012—2019 年创新投入数据，应用数据包络分析（DEA）法测

算我国制造业分行业技术产出和经济产出两个阶段的效率值，结果表明，我国制造业创新效率上存在高投入低效率、低投入高效率的“倒挂现象”，分析原因可能是因为技术和资本密集型制造业正处于创新投入期而产出效率较低，而劳动密集型行业尚处于依靠数量取胜阶段，对创新投入和产出的关注度均不高，这一状况不利于我国制造业整体的高质量发展。

③为进一步了解各省份各创新要素的集聚水平，分别测算其区位熵。结果表明：第一，人才要素集聚方面。江苏、广东、浙江的集聚水平一直居于高位，与上述地区制造业比较发达有关；而北京的人才要素集聚度偏低，似乎与北京在全国的地位不相符，分析原因，可能与北京不断疏解非首都功能有关。第二，资本要素集聚方面。除了江苏、广东、浙江、上海等制造业发达省份，中部的安徽和湖南两省资本集聚水平增加明显，一方面与两地高度重视科技创新有关，同时也可以看到安徽、湖南两个省份均在地理位置上与资本要素集聚度高的省份相邻，可能与资本要素集聚的空间溢出效应有关。吉林、黑龙江、内蒙古等东北地区省份要素集聚度降低明显，与东北区域经济“塌陷”的事实一致。第三，在引进技术区位熵方面，从变化趋势来看，除广东、上海等少数制造业发达省份趋于稳定，其他地区波动较大；从分布特征来看，区位熵较大的省份主要分布在创新能力排名靠前的北京、上海、广东等地和创新能力不足的制造业欠发达地区，呈现出明显的“哑铃状”分布。第四，技术改造相对于其他要素集聚程度偏低，2008 年区位熵大于 1 的省份多达 14 个，2019 年区位熵大于 1 的省份减少到 9 个但仍占到了全部省份的近三分之一。技术改造集聚在经济发达、中等和欠发达地区均发挥着一定的作用，但其具体效果会各有差异。

（3）构建包含经济、创新、绿色三个大类共 9 个具体指标的高质量发展评价指标体系，采用全局熵值法测算各省制造业高质量发展各分项指标及总指标得分值。测算结果表明，各省（市）制造业高质量发展各项指标总体上呈现出波动上升态势，但东中西部的发展水平间差距几乎处于固化的状态，南北差距呈现出阶段性“扩大—稳定”的演化规律，但总体呈现扩大态势。处于京津冀、长三角、珠三角、长江中游和成渝五大城市群的相关省份在制造业高质量发展中的引领作用逐渐增强，随着创新驱动发展战略的实施和绿色发展理念的不断深入，东部制造业发达省份在绿色发展上逐渐发力，排名进位比较明显。通过对华北、东北、华东、中南、西南、西北六大地区 2008—2019 年制造业高质量发展比较分析后发现，12 年间各地区制造业高质量发展水均有不同程度的提升，华东地区增长最快、东北地区增长较慢、西北地区波动明显；2008年六大地区制造业高质量发展水平差异不明显，印证了先前做出的2008年是我国制造业高质量发展元年的判断，经过近12年的发展，华东、华北、中南三大地区的发展水平明显优于其他地区；2017年以来，东北、西南、西北三个地区制造业高质量发展速度放缓，可能与以上地区遇到了共同的发展瓶颈有关。

（4）采用非参数核密度估计方法对全国创新要素集聚水平和制造业高质量发展水平的动态演化特征进行分析，结果表明：各省份人才要素集聚的相对差距在逐步缩小；全国绝大部地区的资本要素集聚水平变化不大；引进技术集聚呈现下降的趋势；技术改造集聚有一定提升，但总体水平仍然较低；国内绝大部分地区制造业高质量发展水平有较大幅度提升。

（5）结合变量属性及数据检验结果，选用PCSE模型对创新要素集聚影响制造业高质量发展进行基准回归分析，结果表明现阶段人才要素集聚、资本要素集聚和引进技术集聚对我国制造业高质量发展具有显著的促进作用。当前，技术改造集聚对制造业高质量发展作用不明显，但进一步的门槛效应检验表明，当技术改造集聚度高于0.8034时，其对制造业高质量发展具有积极的正向促进作用。时间异质性分析结果表明，核心解释变量中仅有资本要素集聚对制造业高质量发展的影响比较稳定，无论是分阶段还是总体上，均表现出显著的正向影响，说明现阶段为促进制造业高质量发展需进一步加大研发投入力度，其他核心解释变量均存在不同程度的阶段性异质特征。区域异质性分析结果表明，创新要素集聚影响制造业高质量发展存在明显的空间异质性，造成这一结果的可能与东、中、西地区制造业发展水平，各地区各要素集聚程度以及城镇化、信息化发展水平等有关。

（6）空间溢出效应分析结果表明，我国各省（市）制造业高质量发展水平存在明显的空间依存性，呈“高值—高值”“低值—低值”的空间集聚特征，邻接区域间的融合程度随时间推移不断加深。资本要素集聚的空间溢出效应为负且不显著，表明目前我国区域间的资本流动性有待进一步加强；人才要素集聚的空间溢出效应显著为正，说明邻近地区的人才要素集聚能显著地促进本地区制造业高质量发展；技术改造集聚的间接效应显著为正，表明地区间通过加强技术改造的合作共享能获得更好的发展；技术引进集聚的间接效应显著为负。创新驱动战略实施后，各地制造业高质量发展水平间的空间相关性较之前更强，人才要素集聚表现出更大的溢出效应。

第二节　政策建议

制造业高质量发展既是我国经济供给侧结构性改革的重要举措，也是经济高质量发展的重要内容。创新要素作为制造业高质量发展的动力源，其集聚水平会对制造业高质量发展产生直接影响。探索通过创新要素的合理流动和积聚，实现创新资源的优化配置，进而促进制造业高质量发展是当前最现实、最有效的路径，结合前文的研究结论，本研究的主要政策建议如下。

一、加强创新要素流动和制造业发展动态监测

创新要素的流动在制造业高质量发展中发挥着重要作用，前文的异质性研究表明，这种作用的发挥容易受创新要素集聚水平、制造业发展状况以及政府经济政策等多种因素的影响。对应于创新要素集聚的形成、扩张、成熟、扩散等不同阶段，其对制造业发展的影响各不相同，甚至会出现完全相反的作用效果；同样制造业经济效益、技术创新、绿色发展等具体指标水平差异也会影响创新要素集聚作用的发挥。因此，动态监测创新要素集聚水平和制造业发展状况至关重要。

（1）建立全国层面的动态监测网络体系。

目前，围绕创新要素流动和制造业高质量发展的相关数据上报缺乏统一标准，在上报周期、统计口径、数据结构等方面各不相同，当前只能通过各种统计年鉴相关数据进行粗略分析，由于存在时间滞后、数据不全等问题，无法为精准施策提供支撑。为此，一是系统梳理各地各部门现有涉及人才要素、资金要素和技术要素信息填报的各种渠道，分析信息更新时效、使用效率等情况，尝试从市、县层面打通人社、科技、经信、发改等部门间的信息壁垒，确保市、县层面“一条线”；二是由省级层面统筹打通市、县间的信息壁垒，做到省级层面“一张网”；三是由国家相关部委牵头，借鉴全国扶贫开发信息系统使用和管理经验，建立全国层面的创新要素流动及制造业发展水平动态监测网络，集成各省的“一张网”，实现国家层面“一盘棋”（周恩德，2017）。

（2）研制监测国标和地方标准，建立信息上报激励约束机制，实时开展第三方评估。

一是为确保数据的一致性、准确性，在借鉴制造业国内外先进经验的基础上，组织相关部门及研究机构围绕创新要素流动和制造业发展水平开展评价体系和评价方法研究，确立国家层面的评价标准，各地再结合实际制定更加具体的地方标准；二是建立信息上报激励机制，对于如期准确上报相关信息的企业、高校、

研究机构等在项目申报、税收减免等方面给予更大的优惠，同时将上报质量作为信用等级认定的重要参考；三是借鉴营商环境评价、文明城市建设和精准扶贫评估经验，建立国家和省级层面的第三方评估机制，及时总结典型经验和发布评价结果。

（3）加强对创新要素流动和制造业发展数据的大数据分析。

一是加强对创新要素流动及投入情况的信息分析，实时了解要素分布现状、流动趋势和投入状况，动态掌握各地各行业创新要素集聚情况，通过发布预警、提供咨询等方式引导要素优化配置和合理聚集；二是加强对制造业尤其是先进制造业领域的重点企业的市场趋势、技术创新和绿色发展等方面的动态监测，并对企业未来发展方向及要素需求情况进行预判，及时做好创新要素供给与企业要素需求间的匹配工作，避免出现供求结构性矛盾；三是对发展潜质好但要素保障不足的行业或地区给予更多的关注与支持，投入期重点从国家层面通过科技专项、转移支付等方式予以支持，随后通过差异化的政策措施引导社会资本的投入，推动潜力向生产力转化，最终实现良性发展。

二、促进创新要素合理集聚

空间溢出效应分析表明，我国制造业高质量发展存在明显的空间依存性。创新要素的流动和合理集聚有利于知识溢出和技术扩散，进而提升行业和区域内技术创新水平，利于制造业高质量发展，因此促进创新要素合理集聚十分必要。

（1）建立成果导向的创新人才薪酬体系。

目前围绕户籍、住房、子女上学等方面的政策探索已持续多年，但人才要素领域的“马太现象”依然比较明显，要素过度集聚和保障不足的结构性矛盾依然存在，导致这一现象的更深层次原因是薪酬制度设计得不合理。前文分析发现创新要素高度集聚在少数行业，甚至出现高投入低效率和低投入高效率的“倒挂现象”，究其原因与少数垄断行业在待遇设定上过分看重学历、资历、帽子和论文，而对科技成果的市场匹配度、成果转化率关注得较少，同时某些新型行业存在盲目追求人才数量有关。例如随着互联网 +、5G 的兴起，国内甚至出现了逢人必谈大数据、逢物必谈信息化的倾向。为此，在创新人才评价方面要加快破“五唯”步伐，建立成果导向的薪酬体系，同时避免通过畸高的工资待遇精准“挖人”的现象发生（周恩德和刘国新，2018）。

（2）培育“创新为王”的投资氛围。

由于创新投入具有周期长、风险高的特点，资本的趋利属性决定了其在创新领域投入的积极性不高，前几年国内出现的“房地产热”和“脱实向虚”现象与资本的逐利性具有很强的关联性，因此对资本创新要素流动的规范和引导十分重要。根据各创新环节的不同属性，应该采取差异化的政策，例如在投入大、风险高的关键技术共性技术领域，前期要以政府资金为主，同时给涉足该领域的社会资本更大的配套奖励；鼓励社会资本在应用技术领域加大投入，让其充分享受到创新投入带来的成果，进而通过示范效应培育崇尚创新的社会氛围，推动资本投向从“赚快钱”向“赚创新钱”转变。

（3）深化东西部地区对口援助，强化区域间创新合作。

一是重视西部地区创新发展，加大东部地区对西部地区的对口援助力度。前文研究发现人才和资本要素集聚对东部和中部地区影响显著为正，对西部地区的影响不显著，主要原因在于西部地区长期作为创新要素的流出地，致使当地的创新人才和创新资金对产业的支撑严重不足，制约了西部地区制造业发展。本研究分区域异质性分析结果表明，目前仅有技术引进集聚对西部地区制造业高质量发展的影响显著为正，说明当前西部地区大多数制造业自主创新能力不足。借鉴我国实施多年的东西部省份和地区对口援助经验，考虑进一步扩大援助范围、深化援助领域，尝试在东部发达地区建立西部“创新人才库”和“创新资金池”，探索以产业转移、项目援助为抓手，促进创新要素回流。二是推动东西部地区公共服务均等化，增强医疗、教育、交通等公共服务对创新要素的吸引力。做强做大“成渝地区双城经济圈”，发挥城市圈对创新要素的吸纳能力，扩大西部地区在全国的影响力。三是加快城市圈、城市群建设，强化区域间创新合作。空间溢出效应分析表明，制造业高质量发展有很强的溢出效应，一个地区发展往往会带动周边地区同步发展，同时创新人才的集聚也具有很强的溢出效应。为此要继续以城市群、城市圈建设为抓手，建立区域间信息互通、人才共享、成果互认机制，推动区域在关键技术和共性技术领域的创新合作，培育跨省的区域性创新链、人才链和资金链，推动区域内创新链和产业链的深度融合。

三、加强技术引进与技术改造，培育技术要素国内国际双循环

在技术要素方面，前文研究发现近年来我国在技术要素流动上，国外技术引进增长不明显、引进技术消化吸收逐年递减，国内方面购买技术经费支出增长明

显、技术改造经费先降后升但总体仍然呈现下降态势。国内外研究表明，技术要素在制造业高质量发展中发挥着重要作用，为促进技术要素的合理流动和聚集，需要做好以下工作。

（1）加强国外先进技术的引进力度。

近年来，虽然我国制造业在增加值增速、创新能力等方面均取得了亮眼的成绩，但“工业四基”供给能力不足、关键核心技术、核心元器件对外依存度高等问题依然存在，因此加大对国外先进技术的引进依然是促进我国制造业高质量发展的有效路径。目前，我国面临的国外“技术锁定”形势日益严峻，为此在技术引进方面，一是要进一步巩固“一带一路”技术合作成果，把握 RCEP 和中欧投资协定达成机遇，开展多元化的技术合作；二是鼓励有条件的企业在世界级“创新谷”“创新区”建立国际研发中心，积极开展人才培养合作，鼓励优秀海外人才归国创业，吸引国际技术团队到国内开展研发合作、成果转化等；三是鼓励有条件的企业到海外投资或建立国际分支机构，通过投资促进技术交流和技术回流（周恩德和刘国新，2017）。在强化技术引进的同时，需要加强引进技术的识别以确保其先进性，同时要加大技术消化吸收投入以确保引进技术早日见效。

（2）提升技术改造层级。

技术改造在促进设备更新、工艺更新、技术升级方面发挥着积极作用，就目前而言，技术改造在促进制造业发展和升级方面作用发挥不明显，为此：一是优先支持有实质性创新活动的技术改造。近年来各级各部门在技术改造方面给予了高度关注和政策支持，但现阶段大部分企业技术改造活动中直面市场所需的功能性改造和实质性创新突破较少，从而制约了技术改造对制造业升级的积极作用，因此需要进一步甄别技术改造内容，重点支持有实质性创新的技术改造。二是加大技术改造投入力度。相较于人才和资本要素而言，技术改造具有针对性强、对生产活动作用直接等特点，在促进传统制造业和技术实力薄弱企业技术创新中的作用尤为明显。分析发现，目前虽然我国在技术改造方面投入力度较大，增速明显，但在投入总量上仍然偏少，因而制约了规模经济效益的作用发挥。三是促进技术改造要素的进一步聚集。分析发现，目前技术改造无论从区域看还是从具体制造业部门看，存在聚焦度不高、投向比较分散的问题，制约了集聚效应的发挥。在我国制造业转型发展的关键期，有重点的技术改造有利于探索出通过技术改造促进技术创新的新路子，形成示范效应进而为更大范围内的技术改造提供参考。

（3）规范国内技术购买。

技术购买是联通科技和经济的重要手段，在提高研发成果转化率、降低购买企业创新风险方面发挥着积极作用。近年来我国技术市场成交额和技术购买投入均呈大幅增长态势，但同时也存在虚假交易、知识产权纠纷等现象。为充分发挥国内技术购买在技术扩散和成果转化方面的积极作用，保护交易双方的合法利益，需要对技术购买进行进一步规范，加强知识产权保护，打击侵权和虚假技术成交行为。

四、全面启动信息化建设，差异推进城镇化发展

基准回归分析和异质性分析发现，当前信息化对制造业高质量发展始终存在显著的正向影响，充分证明了信息化在制造业发展中的积极作用，但同时也发现城镇化对东部地区发展有负向影响、对中部地区有积极影响、对西部地区作用不显著，以上结论与现状基本吻合。结合本研究的相关结论，提出如下具体措施。

（1）加快新型基础设施建设，全面提升工业互联网、工业大数据的普及率和使用率。

一是把握国家重点支持“两新一重”建设机遇期，加快围绕5G、人工智能、工业互联网、物联网等“新型基础设施”领域的投入力度，夯实信息化、智能化发展底盘。二是推动现代信息技术在工业生产领域的应用。以数字化、智能化等为方向，聚焦重点产业，支持云计算、物联网、智能机器人、流程制造、离散制造等新技术、新模式在生产过程中的应用。三是培育在线产业带与虚拟产业集群。鼓励企业进一步开放平台与数据资源，促进企业的应用创新和产业的虚拟聚集，通过开源社区，不断促使产业集群向“在线产业带”转型；设立云服务购买专项基金，提高企业融入“在线产业带”的积极性；鼓励集群网络化，促使现有产业集群向“在线产业带”转型。四是支持行业龙头骨干企业与信息技术企业合作搭建垂直领域专业云平台，利用各自优势面向特色优势行业发展，基于互联网的众包设计研发、网络化协同制造，促进创新资源、生产能力、市场需求的集聚和对接，加快多元化制造资源的有效协同，提高产业链资源整合能力；同时，鼓励中小企业借助IaaS、PaaS以及SaaS等模式促进生产制造与服务、营销、管理和商业模式的互联网化；培育快速迭代的产品研发理念，提升中小企业微创新能力。

（2）差别推动城镇化建设，促进城镇化与制造业协同发展。

一是制定差异化城镇化发展相关政策，鼓励西部地区人居环境好且有一定工

业基础的省份加快城镇化进程，促进人才、资本、技术等创新要素在上述地区聚集；适度限制“大城市病”突出、创新要素集聚效应发挥不明显地区的城镇化规模，引导要素向西部或中部地区流动。二是建立城镇化与制造业发展联动机制，转变“土地财政”约束“房地产为王”的城镇化发展思路，在与城镇化相关的配套政策制定中，更多关注来自企业方面的需求，增加企业家的话语权，促成城镇化与制造业高质量发展良性互动的发展格局。

参考文献

[1] H. 哈肯 . 协同学导论 [M]. 张纪岳，郭治安，译 . 西安：西北大学出版社 ,1981.
[2] 约瑟夫 · 熊彼特 . 经济发展理论 [M]. 王永胜译 . 北京 : 商务印书馆 ,1990.
[3] 卡马耶夫 . 经济增长的速度和质量 [M]. 陈华山，译 . 武汉 : 湖北人民出版社 ,1983.
[4] 安德鲁 · 坎贝尔，凯瑟琳 · 萨姆斯 · 卢克斯 . 战略协同 [M].2 版 . 任通海，龙大伟，译 . 北京 : 机械工业出版社 ,2003.
[5] 白俊红，江可申，李婧 . 应用随机前沿模型评测中国区域研发创新效率 [J]. 管理世界 ,2009(10):51–61.
[6] 白俊红，蒋伏心 . 协同创新、空间关联与区域创新绩效 [J]. 经济研究 ,2015,50(7):174–187.
[7] 白俊红，王钺，蒋伏心，等 . 研发要素流动、空间知识溢出与经济增长 [J]. 经济研究 , 2017,52(7):109–123.
[8] 白列湖 . 协同论与管理协同理论 [J]. 甘肃社会科学 ,2007(5):228–230.
[9] 保永文 . 中国制造业技术创新与出口竞争力 [D]. 武汉：武汉大学 ,2017.
[10] 毕朝辉 . 创新要素集聚对全要素生产率增长的影响研究 [D]. 南京：南京师范大学 ,2018.
[11] 蔡玉蓉 . 创新要素集聚对中国制造业结构优化的影响研究 [D]. 兰州：兰州大学 , 2020.
[12] 钞小静，刘璐，孙艺鸣 . 中国装备制造业高质量发展的测度及发展路径 [J]. 统计与信息论坛 , 2021, 36(6):94–103.
[13] 钞小静，任保平 . 中国经济增长质量的时序变化与地区差异分析 [J]. 经济研究 ,2011,46(4):26–40.
[14] 车文博 . 心理咨询大百科全书 [M]. 杭州 : 浙江科学技术出版社 ,2001.
[15] 陈昌兵 . 新时代我国经济高质量发展动力转换研究 [J]. 上海经济研究 ,2018(5):16–24.

[16] 陈菲琼，韩莹．创新资源集聚的自组织机制研究 [J]. 科学学研究，2009,27(8):1246–1254.

[17] 陈涵乐．浙江省信息产业与制造业融合的产业绩效研究 [D]. 杭州：杭州电子科技大学，2018.

[18] 陈建军，胡晨光．产业集聚的集聚效应——以长江三角洲次区域为例的理论和实证分析 [J]. 管理世界 ,2008(6):68–83.

[19] 陈抗，战炤磊．实体经济与人力资源高质量协同发展：机理、绩效与路径 [J]. 经济纵横 ,2021 (1):79–89.

[20] 陈钦，林秋斌．农村金融扶贫效果分析——基于我国 26 个省级面板数据的实证研究 [J]. 税务与经济 ,2019(2):37–43.

[21] 綦建红，陈小亮．进出口与能源利用效率：基于中国工业部门面板数据的实证研究 [J]. 南方经济 , 2011(1):14–25.

[22] 陈清萍．科技进步、协同创新与长三角制造业高质量发展 [J]. 江淮论坛 ,2020(2):103–112.

[23] 陈诗一，陈登科．雾霾污染、政府治理与经济高质量发展 [J]. 经济研究 ,2018,53(2):20–34.

[24] 陈曦，席强敏，李国平．城镇化水平与制造业空间分布——基于中国省级面板数据的实证研究 [J]. 地理科学 ,2015,35(3):259–267.

[25] 陈喜强，邓丽．政府主导区域一体化战略带动了经济高质量发展吗？——基于产业结构优化视角的考察 [J]. 江西财经大学学报 ,2019(1):43–54.

[26] 陈英哲．新型城镇化、空间溢出效应与制造业结构升级研究 [J]. 对外经贸，2017(10):130–133.

[27] 陈昭，刘映曼．政府补贴、企业创新与制造业企业高质量发展 [J]. 改革 ,2019(8):140–151.

[28] 程都．创新要素流动新趋势研究 [J]. 经济研究参考 ,2019(5):58–71.

[29] 程文明．农业保险对农业机械化综合水平的影响——基于 2008—2017 年省级面板数据的实证 [J]. 技术经济与管理研究 ,2020(9):82–86.

[30] 池仁勇，刘娟芳，张宓之，等．创新要素集聚与区域创新绩效研究——基于浙江中小企业的实证分析 [J]. 浙江工业大学学报：社会科学版 ,2014,13(2):153–158.

[31] 单晓娅，陈森良．经济增长质量综合评价指标体系设计 [J]. 贵州财经学院

学报 ,2001(6):39–41.

[32] 丁刚 , 陈倩 . 基于全局熵值法的区域现代服务业分行业竞争力评价研究——以福建省为例 [J]. 中国石油大学学报：社会科学版 ,2013,29(6):14–18.

[33] 丁涛 , 顾金亮 . 科技创新驱动江苏地区经济高质量发展的路径研究 [J]. 南通大学学报：社会科学版 ,2018,34(4):41–46.

[34] 方远平 , 谢蔓 . 创新要素的空间分布及其对区域创新产出的影响——基于中国省域的 ESDA– GWR 分析 [J]. 经济地理 ,2012,32(9):8–14.

[35] 冯南平 , 周元元 , 司家兰， 等 . 我国区域创新要素集聚水平及发展重点分析 [J]. 华东经济管理 ,2016, 30 (9):80–87.

[36] 傅家骥 , 姜彦福 , 赵军， 等 . 技术创新与我国经济发展道路的选择 [J]. 改革 ,1990(6):64–69.

[37] 高宏霞 , 王成 . 创新要素集聚、空间关联与房地产价格调控 [J]. 江汉论坛 ,2021(6):20–29.

[38] 高丽娜 , 蒋伏心 . 创新要素集聚与扩散的经济增长效应分析——以江苏宁镇扬地区为例 [J]. 南京社会科学 ,2011(10):30–36.

[39] 高丽娜 , 宋慧勇 . 创新驱动、人口结构变动与制造业高质量发展 [J]. 经济经纬 ,2020,37(4):81–88.

[40] 高运胜 , 杨阳 . 全球价值链重构背景下我国制造业高质量发展目标与路径研究 [J]. 经济学家 , 2020(10):65–74.

[41] 郭元源 , 王泽丹 , 张宓之， 等 . 要素集聚动因及其空间效应研究——基于浙江省的实证研究 [J]. 浙江工业大学学报：社会科学版 ,2016,15(3):281–286.

[42] 何向武 , 周文泳 , 尤建新 . 产业创新生态系统的内涵、结构与功能 [J]. 科技与经济 ,2015,28(4):31–35.

[43] 黄汉权 . 突破难点 系统推进制造业高质量发展 [N]. 经济日报 ,2019–03–14.

[44] 黄晖 , 金凤君 . 技术要素集聚对我国区域经济增长差异的影响 [J]. 经济地理 , 2011, 31(8): 1341 –1344.

[45] 黄庆华 , 时培豪 , 胡江峰 . 产业集聚与经济高质量发展：长江经济带 107 个地级市例证 [J]. 改革 ,2020(1):87–99.

[46] 黄群慧 . 从高速度工业化向高质量工业化转变 [N]. 人民日报 ,2017-11-26.
[47] 黄群慧 . 推动中国制造的品质革命 [J]. 智慧中国 ,2018(12):79-81.
[48] 黄蕊 , 金晓彤 . 我国区域经济非平衡非充分发展的解决路径 : 创新资源配置方式的优化与重构——基于后发优势理论视角 [J]. 经济问题 ,2018(10):1-7.
[49] 黄顺春 , 张书齐 . 中国制造业高质量发展评价指标体系研究综述 [J]. 统计与决策，2021,37(2):5-9.
[50] 黄速建 , 肖红军 , 王欣 . 论国有企业高质量发展 [J]. 中国工业经济 ,2018(10):19-41.
[51] 江三良 , 侯缓缓 . 人力资本结构优化与地区经济高质量增长 [J]. 南京审计大学学报 , 2021, 18(1): 90-100.
[52] 江小国 , 何建波 , 方蕾 . 制造业高质量发展水平测度、区域差异与提升路径 [J]. 上海经济研究 , 2019(7):70-78.
[53] 江永真 . 区域企业创新要素集聚效益评价 [J]. 福州大学学报：哲学社会科学版 ,2015,29(3):43-50.
[54] 姜宝 , 邢晓丹 , 李剑 . "走出去" 战略下中国对欧盟逆向投资的贸易效应研究——基于 FGLS 和 PCSE 修正的面板数据模型 [J]. 国际贸易问题 ,2015(9):167-176.
[55] 金碚 . 关于 "高质量发展" 的经济学研究 [J]. 中国工业经济 ,2018(4):5-18.
[56] 赖一飞 , 覃冰洁 , 雷慧，等 . "中三角" 区域省份创新要素集聚与经济增长的关系研究 [J]. 科技进步与对策 ,2016,33(23):32-39.
[57] 李婧 . 基于动态空间面板模型的中国区域创新集聚研究 [J]. 中国经济问题 ,2013(6):56-66.
[58] 李梦欣 , 任保平 . 新时代中国高质量发展的综合评价及其路径选择 [J]. 财经科学 , 2019 (5) :26-40.
[59] 李培楠 , 赵兰香 , 万劲波 . 创新要素对产业创新绩效的影响——基于中国制造业和高技术产业数据的实证分析 [J]. 科学学研究 ,2014,32(4):604-612.
[60] 李强谊 , 钟水映 . 我国体育资源配置水平的空间非均衡及其分布动态演进 [J]. 体育科学 ,2016, 36(3):33-43.
[61] 李巧华 . 新时代制造业企业高质量发展的动力机制与实现路径 [J]. 财经科学 ,2019(6):57-69.

[62] 李荣富，王萍，傅懿兵．经济增长质量综合评价指标体系与模型构建探究[J]. 淮北师范大学学报：哲学社会科学版,2013,34(4):36-39.

[63] 李盛楠，范德成．中国高技术产业技术创新效率影响因素研究——一个理论框架 [J]. 科技进步与对策，2020,37(7):43-51.

[64] 李新忠，汪同三．空间计量经济学的理论与实践 [M]. 北京：社会科学文献出版社，2015.

[65] 李英杰，韩平．数字经济下制造业高质量发展的机理和路径 [J]. 宏观经济管理,2021(5):36-45.

[66] 梁琦，黄利春．要素集聚的产业地理效应 [J]. 广东社会科学,2014(4):5-13.

[67] 凌华，李新伟，董必荣，王敬勇．互联网、创新要素流动与区域创新能力差异 [J]. 审计与经济研究,2020,35(6):115-126.

[68] 刘备，王林辉．创新要素空间流动对区域创新能力的影响：外地吸引与本地依赖 [J]. 求是学刊,2020,47(5):66-75，181.

[69] 刘兵，张荣展，梁林．创新要素集聚对区域协同创新的影响——政府控制的调节作用 [J]. 技术经济,2019,38(12):60-66，76.

[70] 刘飞，王欣亮．创新要素、空间配置与产业结构升级——基于我国 1998—2015 年面板数据 [J]. 大连理工大学学报：社会科学版,2018,39(4):7-14.

[71] 刘国炳，周桂凤，甘荣俊．新时代我国创新要素集聚环境变化与东部产业转型发展 [J]. 经济论坛，2019(7):81-87.

[72] 刘国新，王静，江露薇．我国制造业高质量发展的理论机制及评价分析 [J]. 管理现代化，2020, 40(3): 20-24.

[73] 刘浩，刘树霖．高质量发展框架下新型城镇化发展质量测度 [J]. 统计与决策，2021,37(13):112-116.

[74] 刘和东，陈程．中国原创性高新技术产业技术效率测度研究——基于创新链视角的两阶段分析 [J]. 科技进步与对策,2011,28(12):119-124.

[75] 刘华军，杜广杰．中国经济发展的时空格局及分布动态演变——基于城市 DMSP/OLS 夜间灯光数据的研究 [J]. 中国人口科学,2017(3):17-29，126.

[76] 刘会武，赵祚翔，马金秋．国家高新区高质量发展综合性评价测度与趋势收敛检验 [J]. 科学学与科学技术管理,2021,42(6):66-80.

[77] 刘锴，周雅慧，王嵩，等．创新驱动下中国区域高质量发展——基于平衡充分发展水平的门槛分析 [J]. 技术经济，2020,39(12):1–8.
[78] 刘升学，康利机，陈鸣，等．制造业集聚与城镇化的互动关系研究——来自衡阳市 2000—2016 年的经验证据 [J]. 南华大学学报：社会科学版，2019,20(1):49–55.
[79] 刘帅，李琪，徐晓瑜，等．中国创新要素集聚能力的时空格局与动态演化 [J]. 科技进步与对策，2021, 38(16):11–20.
[80] 刘维跃，裴莉亚，曹溥晶，等．京津冀城市群电子商务发展时空特征与演变——基于全局熵权法 [J]. 天津城建大学学报，2018,24(5):387–393.
[81] 刘新艳，陈圻，张新婷．创新要素对新兴产业的牵引分析 [J]. 科技进步与对策，2011,28(24):50–54.
[82] 刘信恒．国内市场分割与出口产品质量升级——来自中国制造业企业的证据 [J]. 国际贸易问题，2020(11):30–44.
[83] 刘志彪，凌永辉．结构转换、全要素生产率与高质量发展 [J]. 管理世界，2020,36(7):15–29.
[84] 刘志彪．强化实体经济 推动高质量发展 [J]. 产业经济评论，2018(2):5–9.
[85] 柳卸林．技术创新经济学 [M].2 版．北京：清华大学出版社，2014.
[86] 陆园园，郑刚．基于复杂性理论的企业创新要素协同研究 [J]. 科技进步与对策，2009,26(2):66–70.
[87] 罗序斌，黄亮．中国制造业高质量转型升级水平测度与省际比较——基于“四化”并进视角 [J]. 经济问题，2020(12):43–52.
[88] 吕守军，代政．新时代高质量发展的理论意蕴及实现路径 [J]. 经济纵横，2019(3):16–22，2.
[89] 吕铁，刘丹．制造业高质量发展：差距、问题与举措 [J]. 学习与探索，2019(1):111–117.
[90] 吕雁琴，王艺锦，密瑞帮古丽·买买提，等．中国旅游设施发展水平的空间非均衡及动态演进 [J]. 统计与决策，2021,37(12):52–56.
[91] 马晶梅，赵文婧．自主研发、技术改造与高技术企业创新绩效研究 [J]. 科技与管理，2021,23(2):1–7.
[92] 马永军，张志武，赵泽．技术引进、吸收能力与创新质量——来自中国高技术产业的经验证据 [J]. 宏观质量研究，2021,9(2):59–73.

[93] 米娟 . 中国区域要素集聚状况探析 [J]. 改革与战略 ,2008(11):133–135，144.

[94] 苗圩 . 智能制造助推制造业高质量发展——《智能制造 反思与期望》序言 [J]. 世界制造技术与装备市场 ,2019(6):30.

[95] 牛冲槐 , 接民 , 张敏，等 . 人才聚集效应及其评判 [J]. 中国软科学，2006(4): 118–123.

[96] 欧庭高 , 邓旭霞 . 创新系统的要素与纽带 [J]. 系统科学学报 ,2007(3):37–41.

[97] 潘明明 , 王艳 , 龚新蜀 . 技术进步与产业结构升级 : 制度环境的门槛效应 [J]. 财经论丛 , 2017(10) :11–17.

[98] 彭峰 , 李燕萍 . 技术转移方式、自主研发与高技术产业技术效率的关系研究 [J]. 科学学与科学技术管理 ,2013,34(5):44–52.

[99] 齐亚伟 , 安锦 . 环境约束下要素集聚与区域经济发展关联性研究 [J]. 生态经济 ,2015,31(10):41–44.

[100] 邱国栋 , 李作奎 . 创新集聚效率实证研究 [J]. 财经问题研究 ,2013(2):102–108.

[101] 任保平 . 新时代我国制造业高质量发展需要坚持的六大战略 [J]. 人文杂志 ,2019(7):31–38.

[102] 任保平 . 新时代中国经济从高速增长转向高质量发展 : 理论阐释与实践取向 [J]. 学术月刊 ,2018, 50(3):66–74.

[103] 沈莹 . 着力培育制造业高质量发展的新动能 [J]. 宏观经济管理，2020(11):39–43.

[104] 史安娜 , 王绕娟 , 张鎏依 . 长江经济带高技术产业创新要素集聚的空间溢出效应 [J]. 河海大学学报：哲学社会科学版 ,2018,20(1):62–67.

[105] 苏文松 , 郭雨臣 , 苑丁波，等 . 中关村科技园区智慧产业集群的演化过程、动力因素和集聚模式 [J]. 地理科学进展 ,2020,39(9):1485–1497.

[106] 苏永伟 . 中部地区制造业高质量发展评价研究——基于 2007—2018 年的数据分析 [J]. 经济问题 , 2020(9):85–91，117.

[107] 孙才志 , 李欣 . 基于核密度估计的中国海洋经济发展动态演变 [J]. 经济地理 , 2015, 35(1): 96–103.

[108] 孙军 , 王先柱 . 要素流动的层次演进与区域协调发展 [J]. 云南财经大学学报 , 2010, 26(2): 128 –133.

[109] 孙利娟 , 邢小军 , 周德群 . 熵值赋权法的改进 [J]. 统计与决策，2010(21):

153–154.

[110] 孙清华 . 基于价值网的汽车供应链协同管理研究 [D]. 北京 : 北京交通大学 ,2010.

[111] 孙阳春 , 郭明玉 . 我国区域高等教育水平分布的动态演化——基于核密度估计法 [J]. 黑龙江高教研究 ,2016(1):5–8.

[112] 谭建伟 , 冯培云 , 罗鉴益 . 重庆市科技人才集聚效应实证研究 [J]. 重庆理工大学学报：社会科学版 , 2015,29(8):29–35.

[113] 唐红祥 , 张祥祯 , 吴艳， 等 . 中国制造业发展质量与国际竞争力提升研究 [J]. 中国软科学 , 2019(2) :128–142.

[114] 唐未兵 , 傅元海 , 王展祥 . 技术创新、技术引进与经济增长方式转变 [J]. 经济研究 , 2014, 49(7):31–43.

[115] 唐兴芸 , 罗明燕 . 非参数核密度估计核函数的最优选择 [J]. 黔南民族师范学院学报 , 2019, 39(4):10–13.

[116] 陶长琪 , 冷琴 . 以创新驱动促进江西省制造业高质量发展的实证研究 [J]. 江西师范大学学报：自然科学版 ,2021,45(1):1–9.

[117] 田晖 , 程倩 , 李文玉 . 进口竞争、创新与中国制造业高质量发展 [J]. 科学学研究 ,2021, 39(2):222–232.

[118] 万勇 . 创新要素、空间格局与经济增长 [J]. 社会科学 ,2014(10):47–55.

[119] 汪文姣 , 陈志鸿 . 空间计量方法对新经济地理学的实证研究 : 一个文献综述 [J]. 兰州学刊 , 2013(11): 94–98.

[120] 王兵 , 吴福象 . 创新空间扩散、集聚租金与经济高质量发展 [J/OL]. 审计与经济研究 : 1–11[2021–09–19].

[121] 王娟 , 叶美兰 , 朱卫未 . 先进制造业高质量发展：内涵、要素和路径研究 [J]. 南京邮电大学学报：社会科学版 ,2021,23(2):14–23.

[122] 王俊 , 陈国飞 . “互联网 +”、要素配置与制造业高质量发展 [J]. 技术经济 ,2020,39(9):61–72.

[123] 王立平 , 任志安 . 空间计量经济学研究综述 [J]. 云南财贸学院学报：社会科学版 ,2007(4):51–54.

[124] 王萌萌 , 马超群 , 姚铮 . 创新资源集聚水平对高技术产业创新绩效影响的实证研究 [J]. 科技管理研究 ,2015,35(9):13–19+26.

[125] 王胜英 . 要素集聚整合的差异性与城市发展模式 [J]. 南京社会科

学,2003(1):15-21.

[126] 王淑英,寇晶晶,卫朝蓉.创新要素集聚对经济高质量发展的影响研究——空间视角下金融发展的调节作用[J].科技管理研究,2021,41(7):23-30.

[127] 王晓君,孙立新,吴敬学,等.创新要素集聚对京津冀农业科技协同发展的影响[J].地域研究与开发,2021,40(3):140-144,150.

[128] 王耀德,易魁.基于区位熵视角的湘鄂赣服务业资源集聚与整合[J].当代财经,2015(11):98-106.

[129] 王一鸣.百年大变局、高质量发展与构建新发展格局[J].管理世界,2020,36(12):1-13.

[130] 王一鸣.大力推动我国经济高质量发展[J].人民论坛,2018,4(9):32-34.

[131] 王钺,刘秉镰.创新要素的流动为何如此重要?——基于全要素生产率的视角[J].中国软科学,2017(8):91-101.

[132] 魏敏,李书昊.新时代中国经济高质量发展水平的测度研究[J].数量经济技术经济研究,2018,35(11):3-20.

[133] 温素彬.经济增长综合评价指标体系的设置[J].江苏统计,1996(8):12-14.

[134] 吴福象,沈浩平.新型城镇化、创新要素空间集聚与城市群产业发展[J].中南财经政法大学学报,2013(4):36-42.

[135] 吴卫红,董姗,张爱美,等.创新要素集聚对区域创新绩效的溢出效应研究——基于门槛值的分析[J].科技管理研究,2020,40(5):6-14.

[136] 吴卫红,杨婷,张爱美.高校创新要素集聚对区域创新效率的溢出效应[J].科技进步与对策,2018,35(11):46-51.

[137] 奚洁人.科学发展观百科辞典[M].上海:上海辞书出版社,2007.

[138] 夏伦.基于面板模型的生产性服务业集聚对制造业生产率的影响研究[J].湖南财政经济学院学报,2019,35(3):67-75.

[139] 肖红叶,罗建朋,李腊生.经济增长质量的显示性判断[J].南开经济研究,1998(3):36-42.

[140] 肖婷.创新要素集聚对区域创新效率的影响研究[D].深圳:深圳大学,2019.

[141] 熊励,郑慧娴.创新要素协同对制造业转型升级效率的影响——基于品牌竞争力视角[J].工业技术经济,2020,39(3):20-29.

[142] 徐斌 . 技术吸收、技术改造与国内外技术获取——基于高技术产业静态与动态面板数据 [J]. 科技进步与对策 ,2019,36(22):60–66.

[143] 徐俐颖 , 翁坤玲 , 蒋丹，等 . 基于三阶段 DEA 的我国医药产业创新效率评价研究 [J]. 中国药房 , 2020, 31(16):1921–1926.

[144] 许斌丰 . 技术创新链视角下长三角三省一市区域创新系统协同研究 [D]. 合肥：中国科学技术大学 , 2018.

[145] 许庆瑞 , 蒋键 , 郑刚 . 各创新要素全面协同程度与企业特质的关系实证研究 [J]. 研究与发展管理 , 2005(3):16–21.

[146] 许思雨 , 薛鹏 . 中国经济高质量发展的内涵与评判 : 一个文献综述 [J]. 商业经济 , 2019(5): 132–134.

[147] 许卫华 . 国家粮食主产区制造业高质量发展指标体系的构建——以河南省为例 [J]. 中国物价 ,2019(2):44–46.

[148] 许召元 . 制造业高质量发展的核心标准和关键环节 [N]. 中国经济时报 ,2019–01–01(005).

[149] 薛健 , 郭万山 . 新常态“创新驱动发展战略”实施前后规模以上工业企业研发创新效率比较研究——基于 DEA–Malmquist 指数方法的实证分析 [J]. 工业技术经济 ,2020,39(5):65–73.

[150] 闫超栋 , 马静 . 信息化、空间溢出与区域经济增长——基于空间面板回归偏微分效应分解方法的实证 [J]. 经济问题探索 ,2016(11):67–75.

[151] 杨博旭 , 王玉荣 , 李兴光，等 . 从分散到协同：高新技术产业创新要素集聚发展路径 [J]. 科技管理研究 ,2020,40(12):142–149.

[152] 杨晨 , 周海林 . 创新要素向企业集聚的机理初探 [J]. 科技进步与对策 ,2009,26(17):89–91.

[153] 杨浩昌 , 丁宇 , 李廉水，等 . 制造业高质量发展水平动态评价及其比较 [J]. 统计与决策 , 2021, 37(15):78–81.

[154] 杨阳 , 窦钱斌 , 姚玉洋 . 长三角城市群高质量发展水平测度 [J]. 统计与决策 ,2021,37(11):89–93.

[155] 余泳泽 , 刘大勇 . 创新要素集聚与科技创新的空间外溢效应 [J]. 科研管理 ,2013,34(01):46–54.

[156] 余泳泽 . 创新要素集聚、政府支持与科技创新效率——基于省域数据的空间面板计量分析 [J]. 经济评论 ,2011(2):93–101.

[157] 俞立平 . 金融支持、政府与企业投入对科技创新的贡献研究 [J]. 科研管理 ,2015,36(3):57–63.

[158] 张海笔 . 中国装备制造业技术选择的协同度研究 [D]. 沈阳：辽宁大学，2013.

[159] 张杰 , 王凡 . 影响北京市制造业发展的地区经济发展水平研究 [C] // 2005 年制造业发展高层论坛，2005.

[160] 张宓之 , 高鋆 , 胡曙虹 . 创新要素集聚、空间溢出效应与区域企业群发展 [J]. 创新科技 , 2020, 20(11):17–24.

[161] 张斯琴 , 张璞 . 创新要素集聚、公共支出对城市生产率的影响——基于京津冀蒙空间面板的实证研究 [J]. 华东经济管理 ,2017,31(11):65–70.

[162] 张肃 . 中国城乡居民信息消费差异性的面板协整分析 [J]. 统计与决策 ,2017(1):127–130.

[163] 张振山 , 赵新力 , 王丹 . 人力和资本要素的集聚与流动对区域创新效率的影响 [J]. 中国科技资源导刊 ,2018,50(2):66–70.

[164] 张振扬 . 基于三阶段 DEA 模型的工业企业科技创新发展效率评价 [J]. 工业技术经济 , 2020, 39(12):94–98.

[165] 张军扩 , 侯永志 , 刘培林，等 . 高质量发展的目标要求和战略路径 [J]. 管理世界 ,2019,35(7):1–7.

[166] 张向荣 . 粤港澳大湾区制造业要素集聚与创新效率联动研究 [J]. 工业技术经济 ,2020, 39(4) :11–18.

[167] 赵爱英 , 牛晓霞 , 沈子兰 . 我国制造业高质量发展的难点及其路径 [J]. 西安财经大学学报 , 2020, 33(6):49–57.

[168] 吕铁 , 李载驰 . 数字技术赋能制造业高质量发展——基于价值创造和价值获取的视角 [J]. 学术月刊 ,2021,53(4):56–65，80.

[169] 赵华林 . 高质量发展的关键 : 创新驱动、绿色发展和民生福祉 [J]. 中国环境管理 ,2018,10(4):5–9.

[170] 赵建吉 , 曾刚 . 创新的空间测度 : 数据与指标 [J]. 经济地理 , 2009, 29(8):1250–1255.

[171] 赵陆 . 浙江省创新资源集聚网络知识溢出机制研究 [D]. 杭州：浙江大学 ,2008.

[172] 赵瑞芬 , 王小娜 . 基于全局熵值法的京津冀区域创新能力比较 [J]. 中国

流通经济 ,2017, 31(4):114–121.

[173] 赵昕东 , 刘成坤 . 人口老龄化对制造业结构升级的作用机制研究——基于中介效应模型的检验 [J]. 中国软科学 ,2019(3):153–163.

[174] 郑春荣 , 望路 . 德国制造业转型升级的经验与启示 [J]. 人民论坛 · 学术前沿 ,2015(11):40–48.

[175] 郑魁浩 , 张红营 . 区域经济综合评价及评价指标体系的设置 [J]. 当代经济科学 , 1990(6):71–76.

[176] 周恩德 . 我国新型研发机构演化发展及政策支持研究 [M]. 合肥：合肥工业大学出版社 ,2019.

[177] 周恩德 . 基于创新驱动的十堰区域经济转型升级研究 [J]. 湖北汽车工业学院学报 , 2017, 31 (2): 72–76.

[178] 周恩德 , 刘国新 . 我国新型研发机构创新绩效影响因素实证研究——以广东省为例 [J]. 科技进步与对策 , 2018, 35 (9): 42–47.

[179] 周恩德 , 刘国新 . 创新驱动背景下湖北新型研发机构培育策略研究 [J]. 湖北社会科学 , 2017 (7): 52–58.

[180] 周恩德 , 刘吉立 . 湖北新能源汽车产业技术路线图研究 [J]. 湖北社会科学 , 2016 (10): 53–58.

[181] 周杰文 , 张云 , 蒋正云 . 创新要素集聚对绿色经济效率的影响——基于空间计量模型的实证分析 [J]. 生态经济 ,2018,34(6):57–62.

[182] 周新苗 , 唐绍祥 . 自主研发、技术引进与企业绩效 : 基于平均处理效应估计的微观考察 [J]. 财贸经济 ,2011(4):104–110.

[183] 周元元 , 冯南平 . 创新要素集聚对于区域自主创新能力的影响——基于中国各省市面板数据的实证研究 [J]. 合肥工业大学学报 : 社会科学版 , 2015,29(3):57–64.

[184] 周正 , 尹玲娜 , 蔡兵 . 我国产学研协同创新动力机制研究 [J]. 软科学 , 2013,27(7):52–56.

[185] 朱林 , 朱学义 . 科技创新绩效影响因素研究——来自全国工业企业 2004–2018 年数据 [J]. 会计之友 ,2021(3):103–109.

[186] 朱苑秋 , 谢富纪 . 长三角大都市圈创新要素整合 [J]. 科学学与科学技术管理 ,2007(1):97–100.

[187] 卓乘风 , 邓峰 . 创新要素流动与区域创新绩效——空间视角下政府调节

作用的非线性检验 [J]. 科学学与科学技术管理 ,2017,38(7):15-26.

[188] 卓乘风，邓峰 . 创新要素区际流动与产业结构升级 [J]. 经济问题探索 ,2018(5):70-79.

[189] 邹游 . 区域创新要素集聚对创新绩效的影响研究 [D]. 深圳：深圳大学，2017.

[190] Acs Z J, Audretsch D B, Braunerhjelm P, et al. The knowledge spillover theory of entrepreneurship[J]. Social Science Electronic Publishing, 2010(32):15-30.

[191] Aghion P, Howitt P. A model of growth through creative destruction[J]. Econometrica, 1992, 60(2):323-351.

[192] Altenburg T, Schmitz H, Stamm A. Breakthrough China's and India's Transition from Production to Innovation[J]. World Development, 2008, 36(2):325-344.

[193] Andersen T A. Changing Aspects of U.S. Economic Growth[J]. California Management Review,1963,6(1):69-74.

[194] Anselin L. Spatial Econometrics: Methods and Models[M]. The Netherlands : Kluwer Academic Publishers Dordrecht, 1988.

[195] Anselin L., Bera A. Spatial dependence in linear regression models with introduction to spatial econometrics[M]. Handbook of Applied Economic Statistics, NewYork: Marcel Dekker, 1998.

[196] Anselin L., Moreno R. Properties of tests for spatial error components [J]. Regional Science and Urban Economics, 2003(33): 595-618.

[197] Arrow K. J. The Economic Implications of Learning By Doing[J]. Review of Economic Studies, 1962, 29(3): 155-173.

[198] Asumadu S S, Vladimir S. Effect of foreign direct investments, economic development and energy consumption on greenhouse gas emissions in developing countries[J]. Science of The Total Environment, 2019(646):862-871.

[199] Baltagi, Badi H., Li D. Series Estimation of Partially Linear Panel Data Models with Fixed Effects[J]. Annals of Economics and Finance, 2002,3(1): 103-116.

[200] Becker G.S., Murphy K.M. The Division of Labor, Coordination Costs, and Knowledge[J]. The Quar-terly Journal of Economics,1992,107(4): 1137-1160.

[201] Beneito P. Choosing among alternative technological strategies: an empirical analysis of formal sources of innovation[J]. Research Policy, 2003(32): 693-713.

[202] Berchicci L . Towards an open R&D system: Internal R&D investment, external knowledge acquisition and innovative performance[J]. Research Policy, 2013.

[203] Blasio G D, Addario S D. Do Workers Benefit from Industrial Agglomeration?[J]. Journal of Regional ence, 2010, 45(4):797-827.

[204] Bond-Smith S , Mccann P . Incorporating Space in the Theory of Endogenous Growth: Contributions from the New Economic Geography[J]. Springer Berlin Heidelberg, 2014.

[205] Bruecckner J. K. Strategic interaction among governments: an overview of empirical studies[J]. International Regional Science Review, 2002(44): 438-467.

[206] Case A, et al. Budget spillovers and fiscal policy interdependence: evidence from the States[J] . Journal of Public Economics, 1993(52): 285-307.

[207] Cong H , Zou D . The research on the mechanism and spatial - temporal differentiation of the coupling coordination development based on industrial cluster agglomeration[J]. Cluster Computing, 2017, 20(1):1-19.

[208] Cooke P. Regional innovation systems: development opportunities from the "green turn" [J]. Technology Analysis & Strategic Management, 2010, 22(7):831-844.

[209] Cooke P. The role of research in regional innovation systems: new models meeting knowledge economy demands[J]. International journal of technology management, 2004, 28(3):507-533.

[210] Domar E.D. Capital expansion,rate of growth,and employment[J]. Econometrica,1946,14(2) : 137-147.

[211] Elhorst J P. Specification and Estimation of Spatial Panel Data Models[J]. International Regional Science Review, 2003,26(3): 244-268.

[212] Ellison G , Glaeser E L. Geographic Concentration in U.S. Manufacturing Industries: A Dartboard Approach[J]. Journal of Political Economy,

1997,105(5): 889–927.

[213] Freedman M L . Job hopping, earnings dynamics, and industrial agglomeration in the software publishing industry[J]. Journal of Urban Economics, 2008, 64(3):590–600.

[214] Fujita M , Thisse J F . Economics of Agglomeration: Industrial Agglomeration under Marshallian Externalities[J]. Journal of the Japanese and International Economies , 2002, 10 (8):267–302.

[215] Ghio N, Guerini M, Lehmann E E , et al. The emergence of the knowledge spillover theory of entrepreneurship[J]. Small Business Economics, 2015, 44(1): 1–18.

[216] Griffith R., Redding S., Simpson H. Technological catch–up and geographic proximity[J]. Journal of Regional Science, 2010, 49(4):689–720.

[217] Grossman G M, Elhanan H. Quality Ladders in the Theory of Growth[J]. Review of Economic Studies, 1991, 58(1):43–61.

[218] Haggett P, Cliff A, Frey A. Locational Models (Locational Analysis in Human Geography 2nd eds) [M]. London: Edward Arnold Ltd., 1977 : 1–24.

[219] Haining R. Estimation spatial means with an application to remotely sensed data[J].Comm. Statist: Theory Methods, 1988. 17: 573–597.

[220] Hair J F, Anderson R E, Tatham R L, et al. Multivariate Data Analysis With Reading[M]. Englewood, Prentice– Hall, Inc. 1995.

[221] Hansen B E. Sample Splitting and Threshold Estimation[J]. Econometrica, 2000(3): 575–603.

[222] Harrod R F. An essay in dynamic theory[J]. The Economic Journal,1939,49 (193) : 14–33.

[223] Henderson J V. Will homeowners impose property taxes?[J]. Regional Science and Urban Economics, 1995, 25(2): 153–181.

[224] Hopenhayn H A. Firms, Misallocation, and Aggregate Productivity: A Review[J]. Social Science Electronic Publishing, 2014, 6(1):735–770.

[225] Iimi A . Decentralization and economic growth revisited: an empirical note[J]. Journal of Urban Economics, 2005, 57(3):449–461.

[226] Jaffe A B. Real effects of academic research[J].The American economic

review,1989:957–970.

[227] Joel A., West M. Leveraging External Sources of Innovation: A Review of Research on Open Innovation[J]. Journal of Product Innovation Management, 2014.

[228] Katrak H. Imported Technology, Enterprise Size and R & D in a Newly Industrializing Country: The Indian Experience[J]. Oxford Bulletin of Economics and Statistics, 2010, 47(3):213–229.

[229] Kelejian H. H. A generalized moments estimator for the autoregressive parameter in a spatial model[J]. International Economic Review, 1999， 40: 509–533.

[230] Krugman P. Increasing Returns and Economic Geography[J].Journal of Political Economy, 1991,99(3):483–499.

[231] Krugman P. What's new about the new economic geography?[J]. Oxford review of economic policy, 1998, 14(2): 7–17.

[232] Kumpe T., Bolwijn, Plet T. Towards the Innovative Firm–Challenge for R&D Management[J]. Research Technology Management, 1994(1):38–44.

[233] Kuznets S. Modern Economic Growth: Findings and Reflections[J]. American Economic Review, American Economic Association, vol.1973, 63(3):247–258.

[234] LeSage J. P., Pace R. K. Introduction to Spatial Econometrics[M]. Boca Raton, Taylor & Francis, 2009.

[235] Lucas R. E. On the mechanics of economic development[J]. Journal of Monetary Economics, 1988, 22(1):3–42.

[236] Malecki E J. Boston’s high–technology economy: from Route 128 to Genetown[J]. AAG Journal, 2008, 43(1):4–6.

[237] Marshall A. Principles of Economics [M]. London: Macmillan, 1920, 32–33.

[238] Moran P. A. P. Notes on continuous stochastic phenomena[J]. Biometrika, 1950, 37(1): 17–23.

[239] Myrdal G. Economic Theory and Underdeveloped Regions[M]. New York : Harper & Row, 1957.

[240] Paelinck J. Spatial Development Planning : A Dynamic Convex Programming Approach[J]. European Journal of Operational Research, 1979(3): 501–504.

[241] Perroux F. Economic space: theory and applications[J]. The quarterly journal of economics, 1950, 64(1): 89–104.

[242] Rafael E. De H., Vasilis S., Testing for cross–sectional dependence in panel–data models[J]. The Stata Journal, 2006,6(4):482–496.

[243] Reeman C. Technology policy and economic performance lesson from Japan[J]. R&D Management, 1989, 19 (3) :278–279.

[244] Ricardo D. On the Principles of Political Economy and Taxation[M]. Montana: Kessinger Publishing, 1817.

[245] Richardson H.W. Growth Pole Spillovers: The Dynamics of Backwash and Spread[J]. Regional Studies, 1976, 10(1):1–9.

[246] Robert E. McAuliffe. Herfindahl – Hirschman Index[M]. John Wiley & Sons, Ltd, 2015.

[247] Roberto, Antonietti Giulio, Cainelli. The role of spatial agglomeration in a structural model of innovation, productivity and export: a firm–level analysis[J]. The Annals of Regional Science, 2011, 46(3):577–600.

[248] Robinson D K R, Rip A, Mangematin V. Technological agglomeration and the emergence of clusters and networks in nanotechnology[J]. Research policy, 2007, 36(6): 871–879.

[249] Romer P. M. Increasing Returns and Long–Run Growth[J]. Journal of Political Economy, 1986, 94(5):1002–1037.

[250] Roshan K. Pandian. Does Manufacturing Matter for Economic Growth in the Era of Globalization?[J]. Social Forces, 2017, 95 (3):909–940.

[251] Sabatini F. Social Capital and the Quality of Economic Development[J]. Kyklos, 2008, 61(3):466–499.

[252] Sawyer W C, Reyes J A . Latin American Economic Development[M]. New York: Palgrave Macmillan, 2019.

[253] Schumpeter J. A. The theory of economic development: an inquiry into profits, capital, credit, interest, and the business cycle[M]. Transaction Publishers, 1934.

[254] Seokhee, Lee. A Study on Statics and Dynamics of External Economy and Urban Growth–Focusing on Employment[J]. Seoul Studies, 2014, 15(2):79–94.

[255] Simmie J. Innovation and Space: A Critical Review of the Literature[J]. Regional Studies, 2005, 39(6):789–804.

[256] Solow R. M. A contribution to the theory of economic growth[J]. Quarterly Journal of Economics. 1956, 70(1): 65–94.

[257] Thisse O. Integration, agglomeration and the political economics of factor mobility[J]. Journal of Public Economics, 2002.

[258] Thomas M D. Growth pole theory, technological change, and regional economic growth[J]. Papers in Regional Science, 1975, 34(1):3–25.

[259] Tobler W R. A Computer Movie Simulating Urban Growth in the Detroit Region[J]. Economic Geography, 1970, 46(1):234–240.

[260] Wang, Q. Fixed-effect panel threshold model using Stata[J]. Stata Journal, 2015,15(1): 121–134.

[261] Weber A. Theory of the Location of Industries [M]. Chicago: University of Chicago Press, 1929.

[262] Yang G , Maskus K E . Intellectual property rights, licensing, and innovation in an endogenous product-cycle model[J]. Journal of International Economics, 2001, 53(1):169–187.

附录 全国各省（市）制造业高质量发展评价得分情况

年份	地区	经济	创新	绿色	综合
2008	北京	6.2383	11.9605	9.3540	27.5527
2008	天津	6.7823	10.0072	14.8915	31.6810
2008	河北	4.8282	3.7911	8.0574	16.6766
2008	山西	6.0902	3.6416	14.7615	24.4934
2008	内蒙古	2.6486	3.5041	11.8914	18.0440
2008	辽宁	5.4596	4.8632	6.3703	16.6931
2008	吉林	1.1519	5.1188	9.9528	16.2235
2008	黑龙江	5.2664	4.8828	8.5462	18.6955
2008	上海	10.3102	8.3943	10.3704	29.0750
2008	江苏	8.2682	6.7517	11.4502	26.4701
2008	浙江	8.6331	7.9891	9.8397	26.4620
2008	安徽	3.1256	7.9842	10.4376	21.5474
2008	福建	5.9099	5.1900	9.1690	20.2689
2008	江西	4.7870	4.4427	4.1492	13.3789
2008	山东	5.0370	5.5855	13.7894	24.4119
2008	河南	4.2840	4.0551	8.8615	17.2006
2008	湖北	4.2111	6.3152	9.7888	20.3150
2008	湖南	4.0951	7.5083	10.1063	21.7097
2008	广东	7.4132	8.1569	9.8384	25.4084
2008	广西	3.0456	5.3831	10.8647	19.2934
2008	海南	1.8592	3.0608	9.7722	14.6922
2008	重庆	4.9781	7.8571	10.7526	23.5877
2008	四川	3.2104	4.9842	8.3416	16.5363
2008	贵州	2.6321	7.4994	9.3673	19.4988
2008	云南	3.0602	3.6172	7.5821	14.2595
2008	陕西	4.5107	4.8902	5.5410	14.9418
2008	甘肃	2.8348	4.2810	9.7558	16.8716
2008	青海	1.8820	7.5384	4.0248	21.4452

续表

年份	地区	经济	创新	绿色	综合
2008	宁夏	3.8504	4.0481	19.8440	27.7426
2008	新疆	4.9781	3.3897	7.6504	16.0181
2009	北京	4.6381	10.0702	7.7051	22.4135
2009	天津	7.9816	9.8160	14.9498	32.7474
2009	河北	3.4520	3.6997	7.8934	15.0451
2009	山西	3.9537	4.5146	13.2082	21.6765
2009	内蒙古	3.9941	3.3483	10.0341	17.3764
2009	辽宁	5.4338	5.2708	6.2196	16.9242
2009	吉林	2.9510	9.6965	9.1033	21.7508
2009	黑龙江	3.4905	6.1470	8.6228	18.2603
2009	上海	9.6138	10.8853	10.0030	30.5021
2009	江苏	8.3585	6.6478	10.6224	25.6287
2009	浙江	7.5147	7.6932	10.0790	25.2868
2009	安徽	3.0335	6.6972	10.1290	19.8597
2009	福建	5.8101	5.8606	9.8843	21.5550
2009	江西	3.2194	4.0761	3.9881	11.2836
2009	山东	5.8184	5.5347	12.1758	23.5290
2009	河南	3.9095	4.2805	8.0073	16.1974
2009	湖北	4.1650	6.7926	11.0411	21.9987
2009	湖南	3.1949	11.5340	9.4850	24.2138
2009	广东	6.9384	8.7306	9.5057	25.1747
2009	广西	2.1109	5.4603	9.9289	17.5001
2009	海南	1.4414	4.8581	8.7251	15.0246
2009	重庆	3.7433	7.9745	9.6468	21.3645
2009	四川	3.2977	5.1034	6.1424	14.5435
2009	贵州	1.7514	6.4082	8.7586	16.9182
2009	云南	2.0525	4.4779	7.3246	13.8549
2009	陕西	3.7679	5.7591	9.2447	18.7716
2009	甘肃	1.9304	5.5378	9.8706	17.3388
2009	青海	2.1743	5.3381	10.8428	18.3552
2009	宁夏	3.0423	4.5168	12.7749	20.3341
2009	新疆	2.7053	4.3275	10.8667	17.8995
2010	北京	5.6790	8.9880	6.2328	20.8998
2010	天津	8.9008	9.0587	13.8281	31.7876
2010	河北	4.5953	3.1590	5.7652	13.5194
2010	山西	8.4225	4.0423	10.1640	22.6289

续表

年份	地区	经济	创新	绿色	综合
2010	内蒙古	4.6508	3.4009	8.2694	16.3211
2010	辽宁	6.0985	4.4265	5.3797	15.9048
2010	吉林	3.4849	7.9149	8.2126	19.6124
2010	黑龙江	4.6622	5.3159	7.9415	17.9196
2010	上海	11.9308	9.4054	10.1870	31.5233
2010	江苏	9.9462	5.5807	9.9521	25.4790
2010	浙江	9.1841	5.7379	9.7079	24.6298
2010	安徽	4.4510	5.5441	8.8745	18.8696
2010	福建	7.5579	4.8973	9.5294	21.9846
2010	江西	4.9424	3.3171	4.7431	13.0026
2010	山东	6.4963	5.6528	11.3349	23.4840
2010	河南	4.9663	3.5097	7.9886	16.4646
2010	湖北	5.5480	5.8858	10.6378	22.0715
2010	湖南	4.5569	10.7285	9.5199	24.8053
2010	广东	8.3561	10.3543	9.6229	28.3333
2010	广西	3.5088	5.1248	8.4165	17.0500
2010	海南	2.3788	9.5695	8.7991	20.7473
2010	重庆	4.5711	8.2470	9.4986	22.3167
2010	四川	4.3365	4.0960	5.2899	13.7224
2010	贵州	2.2623	6.0116	7.5665	15.8404
2010	云南	3.2761	4.1151	7.2014	14.5926
2010	陕西	5.4534	5.2424	10.6367	21.3326
2010	甘肃	3.5723	4.0202	10.6001	18.1926
2010	青海	3.2584	2.6119	5.3267	11.1970
2010	宁夏	4.3965	3.8308	9.8536	18.0808
2010	新疆	5.5668	3.9766	6.1471	15.6905
2011	北京	5.6322	10.8735	6.0602	22.5659
2011	天津	9.7594	9.5527	13.0993	32.4113
2011	河北	5.5187	3.8764	5.0477	14.4427
2011	山西	7.7034	4.6040	8.2669	20.5743
2011	内蒙古	5.3392	3.1366	12.3194	20.7951
2011	辽宁	7.3376	5.8920	3.7357	16.9653
2011	吉林	3.9174	5.2820	7.0342	16.2336
2011	黑龙江	5.6205	5.1785	7.7382	18.5372
2011	上海	12.4592	11.3736	9.7748	33.6076
2011	江苏	11.0590	7.9600	10.1548	29.1738

续表

年份	地区	经济	创新	绿色	综合
2011	浙江	10.0865	8.4161	9.6612	28.1638
2011	安徽	5.2410	6.4642	8.6384	20.3436
2011	福建	8.4808	6.1869	7.4933	22.1610
2011	江西	5.6002	3.7295	5.5467	14.8764
2011	山东	7.1960	6.5740	11.6580	25.4280
2011	河南	5.4769	4.0489	8.1162	17.6420
2011	湖北	6.5630	6.8524	8.0832	21.4986
2011	湖南	5.3838	8.5360	6.8959	20.8158
2011	广东	9.0424	12.2919	8.6664	30.0006
2011	广西	3.7562	4.6896	6.6824	15.1283
2011	海南	2.9727	9.6767	8.6330	21.2824
2011	重庆	5.6676	8.7270	8.1234	22.5180
2011	四川	4.8082	6.1607	5.1948	16.1636
2011	贵州	2.8978	6.5678	9.8248	19.2904
2011	云南	3.1927	4.9116	7.5109	15.6153
2011	陕西	6.7301	6.3068	8.4762	21.5131
2011	甘肃	3.6187	4.3526	8.1725	16.1437
2011	青海	4.1759	3.4257	9.8237	17.4253
2011	宁夏	5.2533	4.3778	8.8637	18.4948
2011	新疆	5.9627	3.1931	7.5040	16.6598
2012	北京	5.8521	14.4679	7.9959	28.3158
2012	天津	10.3127	10.6565	12.1715	33.1407
2012	河北	5.2120	4.4597	4.4680	14.1397
2012	山西	6.8658	5.4211	10.1407	22.4277
2012	内蒙古	5.8246	4.1705	7.4141	17.4092
2012	辽宁	7.0548	5.9190	4.3392	17.3130
2012	吉林	4.1415	6.7936	7.5569	18.4920
2012	黑龙江	5.2234	5.5766	7.2225	18.0225
2012	上海	11.8709	12.9364	10.3997	35.2069
2012	江苏	11.3684	9.3867	9.8757	30.6308
2012	浙江	9.8986	9.0459	10.1146	29.0591
2012	安徽	5.1863	7.7566	9.3074	22.2503
2012	福建	8.9165	6.7806	10.5309	26.2280
2012	江西	5.3299	4.3270	5.0328	14.6897
2012	山东	7.4028	6.8278	11.6167	25.8473
2012	河南	5.4012	4.2609	7.7449	17.4070

续表

年份	地区	经济	创新	绿色	综合
2012	湖北	6.8864	7.3504	8.0198	22.2567
2012	湖南	5.3234	9.1954	7.2223	21.7410
2012	广东	8.8329	13.2969	8.9522	31.0820
2012	广西	3.2057	5.2380	7.7037	16.1475
2012	海南	2.4484	6.9786	13.1883	22.6153
2012	重庆	6.0130	9.1779	8.2653	23.4562
2012	四川	4.9297	6.1407	4.4279	15.4982
2012	贵州	3.1623	6.3393	9.6630	19.1646
2012	云南	3.5402	6.0532	8.2299	17.8232
2012	陕西	7.3075	7.3365	8.5324	23.1765
2012	甘肃	3.4126	5.0359	12.0345	20.4830
2012	青海	3.8024	4.2076	8.1887	16.1987
2012	宁夏	4.8015	4.6379	12.6503	22.0897
2012	新疆	5.4334	3.9860	6.2918	15.7113
2013	北京	6.1545	15.1160	9.0295	30.3000
2013	天津	10.5672	11.7562	12.4157	34.7390
2013	河北	5.1552	4.9483	7.0834	17.1868
2013	山西	6.4219	6.4616	12.7111	25.5946
2013	内蒙古	6.0563	4.6436	16.5887	27.2887
2013	辽宁	7.2057	6.7746	5.8761	19.8564
2013	吉林	4.3256	5.4605	9.9393	19.7255
2013	黑龙江	5.2692	5.5595	9.2926	20.1213
2013	上海	11.8667	14.0343	9.7189	35.6199
2013	江苏	11.9618	9.6014	11.0164	32.5796
2013	浙江	10.4653	9.6881	11.8614	32.0149
2013	安徽	5.5293	8.7809	12.1978	26.5080
2013	福建	9.7014	7.2197	11.4167	28.3378
2013	江西	5.9442	4.9464	6.5113	17.4019
2013	山东	7.7440	7.1072	12.2909	27.1421
2013	河南	5.5476	5.0017	9.4621	20.0114
2013	湖北	6.8325	7.7031	8.7897	23.3254
2013	湖南	5.6379	9.9029	7.5738	23.1147
2013	广东	9.2644	14.2929	8.7905	32.3477
2013	广西	3.1256	5.9630	10.0845	19.1732
2013	海南	1.7307	9.6891	11.9061	23.3259
2013	重庆	6.3903	9.3861	9.1719	24.9483

续表

年份	地区	经济	创新	绿色	综合
2013	四川	5.2334	6.8108	4.4201	16.4643
2013	贵州	3.3374	6.6177	10.0223	19.9775
2013	云南	3.6057	7.0648	9.0454	19.7159
2013	陕西	7.6166	7.3074	10.0814	25.0054
2013	甘肃	3.6254	5.4308	10.7619	19.8180
2013	青海	3.8828	4.5608	9.0688	17.5123
2013	宁夏	4.9796	5.2799	21.3630	31.6225
2013	新疆	5.2492	4.9011	9.9763	20.1266
2014	北京	6.2989	16.6272	9.8318	32.7580
2014	天津	10.6769	11.9177	13.7216	36.3162
2014	河北	5.2583	5.3239	10.0434	20.6256
2014	山西	5.9281	6.8249	9.8668	22.6198
2014	内蒙古	6.3341	4.8801	19.7213	30.9355
2014	辽宁	6.6817	7.5958	6.2688	20.5462
2014	吉林	4.7272	5.2553	10.3660	20.3485
2014	黑龙江	4.6019	6.1823	8.5989	19.3831
2014	上海	12.4407	16.5894	10.9617	39.9918
2014	江苏	12.4756	11.1699	10.6112	34.2567
2014	浙江	11.0272	10.5981	12.0842	33.7094
2014	安徽	5.6867	10.8092	9.7455	26.2415
2014	福建	10.5453	7.5827	11.4218	29.5497
2014	江西	6.1065	5.3961	6.1296	17.6322
2014	山东	7.8873	7.9572	14.5551	30.3996
2014	河南	5.8524	5.3082	10.0468	21.2073
2014	湖北	7.5591	8.9824	8.8163	25.3578
2014	湖南	5.9274	11.4164	6.8977	24.2415
2014	广东	9.9482	16.4855	9.0132	35.4470
2014	广西	3.5853	6.3672	8.8283	18.7808
2014	海南	2.4640	13.5604	13.3486	29.3729
2014	重庆	7.1151	9.7822	8.7349	25.6322
2014	四川	5.1593	9.5184	4.9431	19.6208
2014	贵州	3.4820	8.9442	9.9468	22.3730
2014	云南	3.5407	8.1121	8.6356	20.2884
2014	陕西	7.8953	7.9577	8.8886	24.7417
2014	甘肃	3.7027	5.6807	9.6248	19.0082
2014	青海	3.5145	4.5874	16.0050	24.1069

续表

年份	地区	经济	创新	绿色	综合
2014	宁夏	5.0254	5.7805	31.0648	41.8708
2014	新疆	5.7415	6.8638	12.3021	24.9074
2015	北京	5.9137	20.8348	9.9264	36.6749
2015	天津	9.8927	14.1315	14.1962	38.2205
2015	河北	5.1491	6.6580	8.8071	20.6143
2015	山西	4.1599	8.7237	9.2637	22.1474
2015	内蒙古	6.5544	6.0386	11.6745	24.2676
2015	辽宁	5.8393	9.9663	3.8083	19.6139
2015	吉林	4.6373	5.8539	7.6154	18.1067
2015	黑龙江	3.1553	7.1832	8.9244	19.2628
2015	上海	12.0485	18.2147	11.1819	41.4451
2015	江苏	13.1020	12.2633	10.7392	36.1045
2015	浙江	11.3590	11.7157	11.5813	34.6559
2015	安徽	5.1720	13.1037	10.1382	28.4140
2015	福建	10.5034	8.8823	10.1259	29.5116
2015	江西	5.9914	6.6478	6.4351	19.0744
2015	山东	8.2590	9.1535	12.2028	29.6153
2015	河南	5.9525	6.0636	8.8401	20.8562
2015	湖北	7.6796	10.7268	7.0408	25.4473
2015	湖南	6.2070	13.2643	7.7180	27.1893
2015	广东	10.2950	21.0046	9.4160	40.7156
2015	广西	3.4797	8.4521	10.0065	21.9383
2015	海南	2.1694	14.1978	7.5918	23.9590
2015	重庆	7.1016	10.1006	8.7669	25.9691
2015	四川	5.0061	11.2090	4.2547	20.4699
2015	贵州	3.8394	10.0447	7.8426	21.7268
2015	云南	3.2965	10.0406	8.3060	21.6430
2015	陕西	6.8341	9.2916	8.8217	24.9475
2015	甘肃	2.4914	7.6098	5.7782	15.8794
2015	青海	3.7116	6.4452	11.0186	21.1753
2015	宁夏	4.7585	7.5548	14.3643	26.6777
2015	新疆	4.0607	8.6803	9.2008	21.9419
2016	北京	6.4659	23.9537	10.1252	40.5449
2016	天津	9.8195	16.5416	11.4814	37.8426
2016	河北	5.7835	8.4641	6.3354	20.5831
2016	山西	4.6420	9.4672	9.0169	23.1262

续表

年份	地区	经济	创新	绿色	综合
2016	内蒙古	6.9233	6.9633	10.6106	24.4971
2016	辽宁	5.5207	14.3355	5.0999	24.9560
2016	吉林	4.8022	7.2131	7.0462	19.0615
2016	黑龙江	3.4616	8.4537	8.0889	20.0041
2016	上海	12.4567	21.3196	14.0736	47.8499
2016	江苏	13.6112	14.2882	10.5482	38.4476
2016	浙江	11.7562	12.7943	11.2631	35.8136
2016	安徽	5.7970	16.5829	11.5974	33.9773
2016	福建	11.2196	10.4999	7.6975	29.4169
2016	江西	6.3413	7.4645	3.8434	17.6492
2016	山东	8.3011	10.5667	12.3352	31.2031
2016	河南	6.2142	7.0306	9.8879	23.1327
2016	湖北	8.2298	12.5898	7.1425	27.9621
2016	湖南	6.0566	13.7246	7.7586	27.5398
2016	广东	10.4670	24.1618	8.7620	43.3909
2016	广西	3.5667	11.5908	7.9038	23.0613
2016	海南	1.9814	19.1337	8.1616	29.2767
2016	重庆	7.3542	10.9995	7.6609	26.0146
2016	四川	5.0030	12.6121	3.6129	21.2280
2016	贵州	4.0026	10.8814	6.2118	21.0957
2016	云南	3.3612	11.5914	6.5663	21.5189
2016	陕西	7.2572	11.3291	9.1259	27.7122
2016	甘肃	2.9073	8.9377	8.2478	20.0928
2016	青海	4.5911	6.7643	16.3826	27.7380
2016	宁夏	5.2123	8.7870	24.2512	38.2505
2016	新疆	4.1916	10.1195	8.0213	22.3325
2017	北京	7.0041	26.8012	9.4455	43.2508
2017	天津	10.6177	19.4797	10.6784	40.7758
2017	河北	5.7736	9.8709	6.3814	22.0259
2017	山西	7.4640	9.6433	9.1111	26.2183
2017	内蒙古	7.4302	9.8793	7.7175	25.0270
2017	辽宁	6.4463	16.6179	4.6480	27.7122
2017	吉林	4.9620	6.9768	5.2971	17.2359
2017	黑龙江	3.5362	12.1106	5.3909	21.0378
2017	上海	14.0538	23.2667	12.7524	50.0728
2017	江苏	15.3333	16.9853	9.4580	41.7766

续表

年份	地区	经济	创新	绿色	综合
2017	浙江	12.4416	14.0975	9.6743	36.2133
2017	安徽	6.3956	18.5432	10.3844	35.3233
2017	福建	12.2370	12.4153	7.1709	31.8232
2017	江西	6.9712	10.3968	4.4572	21.8252
2017	山东	8.5854	12.4702	11.2024	32.2580
2017	河南	6.7404	8.0946	7.1243	21.9593
2017	湖北	8.8195	13.4125	7.0054	29.2374
2017	湖南	6.1796	15.3681	7.2808	28.8285
2017	广东	11.2100	25.1154	8.4160	44.7414
2017	广西	4.0009	12.5774	5.1637	21.7420
2017	海南	2.5172	20.2014	9.1459	31.8645
2017	重庆	7.6592	13.9828	7.3448	28.9868
2017	四川	5.4747	15.0605	3.1556	23.6908
2017	贵州	4.2614	12.0469	4.8441	21.1524
2017	云南	3.7995	12.1553	3.9076	19.8624
2017	陕西	8.5449	13.3311	4.2120	26.0880
2017	甘肃	3.0795	9.6537	5.5068	18.2400
2017	青海	5.0509	6.6650	5.9493	17.6652
2017	宁夏	6.7622	11.0387	7.3970	25.1980
2017	新疆	5.9163	11.7161	6.9922	24.6247
2018	北京	7.3248	32.8428	7.3653	47.5329
2018	天津	11.9268	20.6347	11.1879	43.7495
2018	河北	5.5456	13.1774	6.8198	25.5427
2018	山西	7.0459	11.3610	7.8764	26.2834
2018	内蒙古	8.1613	11.0569	5.6450	24.8632
2018	辽宁	7.2664	17.3624	4.7850	29.4139
2018	吉林	5.0648	12.9950	4.7806	22.8404
2018	黑龙江	3.8731	12.2572	5.2321	21.3624
2018	上海	15.0555	24.7181	11.4779	51.2515
2018	江苏	16.1587	20.6314	9.6062	46.3963
2018	浙江	13.1713	15.0673	9.7042	37.9428
2018	安徽	6.9464	21.4454	9.8437	38.2356
2018	福建	13.9899	12.8357	7.2245	34.0501
2018	江西	7.0567	10.2777	5.3226	22.6571
2018	山东	8.4494	15.5781	10.6425	34.6700
2018	河南	6.8004	12.3201	6.8327	25.9532

续表

年份	地区	经济	创新	绿色	综合
2018	湖北	9.7873	15.3782	7.3552	32.5207
2018	湖南	6.1770	17.5072	7.1766	30.8608
2018	广东	11.6596	25.6466	8.0289	45.3351
2018	广西	4.2812	12.8920	4.5692	21.7424
2018	海南	2.7462	19.7984	7.2617	29.8064
2018	重庆	7.5097	16.3011	6.8961	30.7070
2018	四川	5.9608	17.0297	3.6463	26.6368
2018	贵州	4.5666	11.7154	5.9400	22.2220
2018	云南	4.4685	11.6198	4.6076	20.6959
2018	陕西	9.1794	17.3786	4.1833	30.7413
2018	甘肃	3.7833	12.2062	4.1465	20.1359
2018	青海	5.5347	11.2799	6.4918	23.3064
2018	宁夏	6.5108	13.2318	6.1283	25.8708
2018	新疆	6.2812	15.3535	6.7769	28.4116
2019	北京	7.3894	37.6304	5.4195	50.4393
2019	天津	11.9182	19.9401	11.5595	43.4177
2019	河北	5.8661	13.7953	6.7250	26.3863
2019	山西	7.3096	11.9068	7.1067	26.3231
2019	内蒙古	8.6506	14.4413	4.2570	27.3488
2019	辽宁	7.3199	17.9854	4.5303	29.8356
2019	吉林	5.2437	12.7501	5.8682	23.8619
2019	黑龙江	4.0144	15.0697	4.1475	23.2316
2019	上海	14.3593	27.9083	11.0728	53.3405
2019	江苏	16.4533	21.6926	9.2840	47.4299
2019	浙江	13.3746	25.4182	9.9303	38.7231
2019	安徽	7.1017	21.4228	9.1177	37.6422
2019	福建	14.3810	13.8263	6.5441	34.7514
2019	江西	7.5336	9.9965	6.0591	23.5892
2019	山东	8.4755	17.5924	10.2249	36.2928
2019	河南	7.0292	13.1431	5.5063	25.6786
2019	湖北	10.1349	16.6376	7.4432	34.2156
2019	湖南	7.2313	19.1167	6.4694	32.8174
2019	广东	11.8669	27.3856	7.0667	46.3193
2019	广西	4.1458	13.9661	4.7025	22.8145
2019	海南	2.5457	20.1546	6.5491	33.2494
2019	重庆	7.8778	16.8227	6.6905	31.3910

续表

年份	地区	经济	创新	绿色	综合
2019	四川	6.2686	17.6582	3.5975	27.5243
2019	贵州	4.7488	13.7393	6.0852	24.5733
2019	云南	4.7326	14.2583	5.7109	24.7019
2019	陕西	9.2502	17.4174	4.8249	31.4926
2019	甘肃	3.6157	12.8633	3.9703	20.4492
2019	青海	5.5016	10.4531	7.3708	23.3255
2019	宁夏	6.9291	13.5819	5.7991	26.3101
2019	新疆	5.7879	20.0310	7.2038	33.0227